JN065859

2時間でわかる授業技術の基礎・基本

丸岡慎弥

［著］

東洋館出版社

はじめに

　１年間で子どもたちとどれくらいの授業をするかご存知でしょうか？高学年ともなると、週30コマにもなります。１年間分を単純計算すると、1000時間を超える授業を私たちは子どもたちに提供しているのです。

　その授業が、「つまらない」ものであったなら、子どもたちはどれだけ苦痛でしょうか。そして、そんな授業をする先生だって同じ気持ちです。私たちは「少しでも子どもたちによりよい授業を届けたい」そう思って日々の授業に取り組んでいます。研修をしたり研究授業に取り組んだりするのも、その思いからでしょう。

　しかし、問題もあります。

　それは、「教師の多忙」です。毎日６時間の授業をこなす先生に与えられた授業準備期間は決して長いと言えるものではありません。放課後にも会議や事務処理をこなさねばならず、どうやら、私たちには授業に向き合うことを許されている時間はそう多くはないようです。

時間はない…、けれど、よりよい授業を届けたい。

　そんな私たちはどうすればいいのでしょうか？

　そこで本書です。本書には、これまで先人がつくりあげてきた実践と心理学やコーチングの要素を踏まえ、これまでの授業スキルをちがった見方で捉え直し、提案させていただいています。「これまで大切にしてきたことは、こうした理由だったのか」「優れた実践がうまくいっている理由はこういうことなのか」と、これまでの授業スキルをちがった観点から改めて捉え直すことができるようになっています。

　さぁ、本書をめくり、これからの授業スキルの基礎・基本を学び直していきましょう。これまでの知識がアップデートされ、より確かな授業スキルを身につけていただくことができるはずです。

　本書が広がっていくことで、これからの授業スキルの基礎・基本が全国各地の教室で見られるようになることを切に願っています。

contents

授業展開の技術

授業導入の技術

指示・説明の技術

発問の技術

基礎学力向上の技術

第1章

板書の技術

▶動画でわかる
授業技術
の基礎・基本
（板書の技術編）

ていねいな文字を書く

　「黒板に文字を書くときは子どもに背を向けてよいか？」と、ある研修会で講師が問われました。私は今まで「子どもたちに自身の背を向けてはいけない。板書をしている間にも子どもたちと目線を合わさなければいけない」と思っていました。しかし、そのときの講師であった先生は言いました。「しっかりと黒板と正対し、黒板に文字を刻み込む。自分の最高の文字を書かなければ子どもに失礼である」と。それから、私の板書の書き方が変わりました。

心理的アプローチ

　「モデリング」と言われる心理学用語があります。その名の通り「何かしらの対象物を見本（モデル）に、そのものの動作や行動を見て、同じような動作や行動をすること」といわれています。「学校の先生」は、私たちが思っている以上に子どもたちに影響を与えています。子どもたちは年間に200回以上も登校します。そして、1000時間以上も先生の授業を受けるのです。先生の文字へのスタンスが子どもたちへも影響していることを忘れないようにしましょう。

ていねいさと"間"が大事

　「黒板に文字を刻む」という意識で文字を書くと、思ったより時間が たっているような感覚になります。「間」ができるからです。しかし、 その間を十分に味わい、文字を書くことに集中しましょう。

ステップ

1．まずはていねいに黒板が消されているかどうかを確認しましょ
　　う。縦書きなら黒板消しを縦に、横書きなら黒板消しを横に動
　　かして消します。

2．文字の大きさや文字の並びを揃えるようにしましょう。基本的
　　なことですが、案外できていないことが多いです。

3．しゃがんだり、台の上に乗ったりして目線を文字の位置に合わ
　　せて書くようにしましょう。目線が合わなければていねいな板
　　書はできません。

色分けを使いこなす

　チョークには白・黄・青・赤・茶・緑など6種類ほどの色が用意されています。まずは、それぞれの色の役割を知りましょう。黒板の色との相性の関係から、黒板の基本色は白です。そして、重要語句などは黄色で書くことがほとんどでしょう。その他の色は「色覚異常をもった子に見えにくい」という理由で敬遠されがちですが、白・黄の2色以外もぜひ取り入れていってみましょう。

心理的アプローチ

　色は私たちが思っている以上に人の心の動きに影響を与えているといわれています。また、数字とともに、色は世界共通のものでもあります。色には、心理的、生理的、感情的、文化的など、様々な影響力があるのです。たとえば、赤ー警戒心、注意喚起など人間の感情的興奮や刺激を与える、黄ー明るさや希望を与え、運動神経を活性化させる、青ー鎮静作用があり、爽快感や冷静さをもたらし、精神的に落ち着かせる、などといわれています。

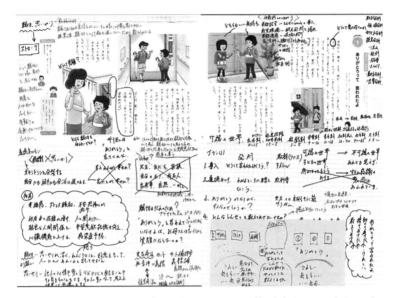

　教材研究の時点で好きな色を使ってノート作りをしてみましょう。慣れるまでは、できるだけ多くの色を使って書いていくことが大切です。色は直感で選んで構いません。どんどんと使っていきましょう。

ステップ

1．教材研究をする際に、できるだけ多くのカラーペンを用意しておきます。そして、直感で色を選びながら自分の思考の跡を残していきます。

2．彩られた教材研究の跡をもとに、板書計画を作成します。そのときは、実際に授業で活用できるチョークの色に限定して計画を立てていきます。

3．時間があれば、実際に黒板に練習として書いてみましょう。年に数度しかできないかもしれませんが、板書スキル向上に必ずつながります。

板書スキル①
囲みと線を使いこなす

　近年、「構造的な板書」が注目されるようになりました。私も、道徳科を中心にあらゆる教科で構造的な板書を活用しています。しかし、よく「構造的な板書をしたいのですが、どうすればできるのですか？」と質問をいただくようになりました。実はとても簡単です。構造的な板書とは「図解」であり、図解は「囲みと線」でつくられているのです。

実践的アプローチ

　構造的な板書、つまり、図解には次の４つの効果があるといわれています。

- ・　理解度が高まる
- ・　理解に向けての時間短縮
- ・　頭の整理
- ・　ユニバーサルデザインである

　また、話をまとめたり広げたり深めたりと、ファシリテーションとしての役割を大きく助けてくれるのが「図解」なのです。

　構造的な板書をつくるには「囲み」と「線」がポイントです。まずは、それを理解します。あとは、囲みを、四角・ふわふわ・丸・三角にしたり、線を実線や点線、長さや太さなど使い分けていけばいいのです。

ポイント

1．学習のタイトルを黒板の真ん中や上部に書いてみましょう。そうすることで、その後の黒板をダイナミックに使えます。

2．ひとつの活動でひとつの囲みと認識しましょう。たとえば、導入であれば導入場面で1つの囲みを使うようにします。

3．いくつかの囲みができたら、その囲み同士を線でつないでみることも有効です。そうすることで、構造的な板書を作成することができます。

板書スキル②
思考ツールを活用する

　さらに構造的な板書をバージョンアップするために必要なことは「型を知る」ということです。たくさんの型を知らなければ、自分の使いたい「図解」に出会うことはできません。そこで、おすすめなのが「思考ツール」を活用することです。思考ツールの本質も、図解と同じく「囲み」と「線」です。それを定型化してあるので、板書にも大いに役立てることができるのです。

脳科学的アプローチ

　思考ツールがどうして注目を集めているのでしょうか。それは、フォーマットがあることで、子どもたちの思考を整理させたり広げたり深めたりすることができるからです。では、思考ツールにはどうしてそのような効果をもつことができるのか？それは、思考ツールに決まった空白があるからです。脳科学の世界では「脳は空白を嫌う」という有名な言葉あります。人の脳は、空白があると埋めたくなる、埋めなきゃいけないという機能をもち合わせているのです。「空白」にはそんな効果があったのですね。

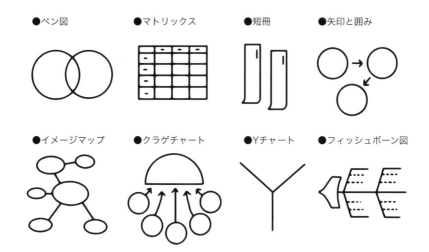

●ベン図　　●マトリックス　　●短冊　　●矢印と囲み

●イメージマップ　　●クラゲチャート　　●Yチャート　　●フィッシュボーン図

　インターネットで「思考ツール　例」などと検索するともっとたくさんの思考ツールに出会うことができます。まずはたくさんの型を頭の中にインプットすることが大切です。

ステップ

1．教材を読み、どの思考ツールなら当てはめることができそうかをいくつか選び、実際にノートに書いてみます。

2．実際にノートに書いたいくつかのパターンのうち、1番よいと思うものを選び、授業で活用してみます。

3．授業後は、板書を写真にとり、自分なりに分析してみます。もし、可能なら知り合いのSNS（グループ内）などに投稿し、見てもらってみましょう。

子どもに黒板を解放する①
意見を書かせる

　授業で子どもたちに黒板を解放させる場面はありますか？教室の黒板は、先生だけが書くものではなく、時には、子どもたちに開放し、子どもたち自身で書かせることも効果的です。まず、かんたんな方法として「子どもたちに意見を書かせる」という方法があります。子どもたちは、黒板に書くことが大好きです。子どもたちの意見を多く一気に知りたいときには、ぜひ、取り組んでみてください。

脳科学的アプローチ

　効果のある学び方として、「インプット３：アウトプット７」が大事であるといわれています。サセックス大学の研究では、アウトプットする学習方法に注目が集まっていますが、どうしてアウトプットは効果があるのでしょうか。それは、アウトプットは運動であり、つまり運動神経と筋肉を使う「運動性記憶」だからです。そのため、脳内の経路を複雑に経由することで、記憶が定着しやすくなるともいわれています。またアウトプットを含めた学習は子どもたちを主体的にします。ぜひ、活用してください。

黒板を子どもの
アウトプットの場にする

　子どもたちに意見を書かせるときには、ノートでは横書きであっても黒板には縦書きで書かせるようにしましょう。その方がスムーズに書くことができます。最後に名前を書かせると、だれの意見かすぐに知ることもできます。

ステップ

1．（写真や資料を見て）「気がついたこと、はてなと思ったことをできるだけたくさんノートに書きましょう」と指示を出します。

2．「○つ（初めてなら４つほど）書けた人から黒板に自分の意見を１つだけ書きに行きましょう」と言い、子どもたちに意見を書かせます。

3．（黒板にだいたい書き終わったら）「右（左）から順に発表しましょう」と言い、意見を言わせていきます。それから次の活動へとつなげましょう。

子どもに黒板を解放する②
説明を書かせる

　子どもたちに黒板を解放させ、どんなことを書かせればよいのでしょうか？前ページの意見の他に「説明」があります。たとえば、算数の時間に、問題の解き方を黒板に書かせ、それをもとに説明させるのです。同じ問題であっても２～３人に説明させてもいいでしょう。また、１人だけでなく２～３人のグループで発表させても構いません。こうして、黒板を子どもたちに開放していくことで、授業に動きが生まれるのです。

実践的アプローチ

　山口県の福山憲市先生は、子どもたちに算数の問題の解き方の説明をさせるときに、次のように工夫させていました。「まず～」「次に～」「だから～」という接続詞を活用させるのです。つまり、算数の説明を国語の説明文のように解説させていたのです。こうしてフォーマットを与えてやることで、子どもたちは思考しやすくなります。接続詞だけでなく、ナンバリング（①～②～と書かせていく）も有効です。

黒板を使って
子どもに説明させる
ことで授業に
“動き”が生まれる

　子どもたち数名に説明を書かせるときには、黒板に仕切り線を書いてやりましょう。そうすることで、スペースが確保され、スムーズに板書させることができます。

ステップ

1. ノートに問題の考えを書かせます。その際に「まず〜」「次に〜」「だから〜」などフォーマットを示します。イラストや図の使用も勧めます。
2. 早くノートに説明が書けた子どもに、説明を黒板に書かせます。その黒板の説明をもとに全体の前で説明をさせます。その際に、あえて□などを用いて空白をつくり、発表者に説明中に行う質問を1〜2つ入れるとよいでしょう。
3. 発表が終わった後には、聞いている子どもから質問をする時間を取ります。質問がない場合も、発表に対するコメントなどをさせ、フィードバックの時間を取ります。

板書の環境を整える

　「どんな板書を書けばいいのだろうか？」「構造的な板書ってどうするの？」という疑問をもつ前に確認するべきことがあります。それは、黒板周りの環境が整っているかということです。黒板はきれいに拭かれていますか？余計な掲示物やメモが残っていませんか？（できれば黒板には学習に関することだけ記しておきたいものです）チョークやその周りの環境は整っていますか？そうした基本的なことを今一度見直しましょう。

心理的アプローチ

　「窓割れ理論」という言葉を知っていますか？ブロークン・ウインドウ理論などともいわれます。軽微な犯罪も徹底的に取り締まることで、凶悪犯罪を含めた犯罪を抑止できるとする環境犯罪学上の理論です。アメリカの犯罪学者ジョージ・ケリングが考案したものです。黒板の周囲が乱れていれば、きれいな板書をつくろうという気持ちに先生も子どもたちもなれないものです。小さな環境から大切にしましょう。

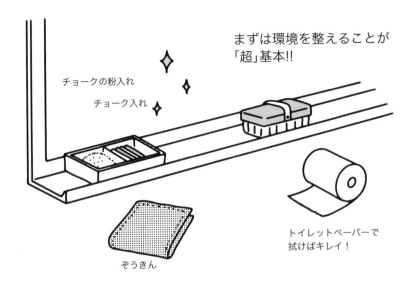

チョークの粉入れ

チョーク入れ

まずは環境を整えることが
「超」基本!!

ぞうきん

トイレットペーパーで
拭けばキレイ！

　すべてを先生が管理するのは大変です。学級の一人一役当番などを活用し、子どもたちが黒板を整備できるようにしておきましょう。「チョークの数チェック」という当番をつくっておけば、チョーク切れも心配ありません。

ポイント

1．黒板を、拭くための乾拭き用ぞうきんを用意しましょう。黒板消しで文字を消したのちに、雑巾がけをするとさらにきれいになります。

2．黒板についているチョーク入れの片方は「チョークの粉入れ専用」にしましょう。ケースにティッシュを1枚入れておくと便利です。

3．黒板の溝もいつもきれいにしておきます。黒板の溝はティッシュペーパーなどで拭き取れば一気にきれいになります。

8

電子黒板と通常黒板を
使い分ける

　通常黒板と電子黒板を併用している先生も増えてきたのではないかと思います。それぞれの強みを生かすにはどのようにすればいいのでしょうか？私は、通常黒板には、子どもたちの意見を、電子黒板には資料提示や動画を映すようにしています。特に、資料提示は手軽にできるうえにはっきりと示すこともでき、大変便利です。最近はデジタル教科書も導入されるようになりました。画像や動画など、効果的に活用しましょう。

社会的アプローチ

　「アフターデジタル」藤井 保文・尾原 和啓著（日経BP）という本があります。この本の副題は「オフラインのない時代に生き残る」となっています。これから、時代は「オンライン」「オフライン」と区分けられるのではなく、「オンラインもオフラインもあって当たり前」という時代に突入します。よって、「デジタルとアナログの融合」が無意識のレベルで行われるくらいに常識となるのです。

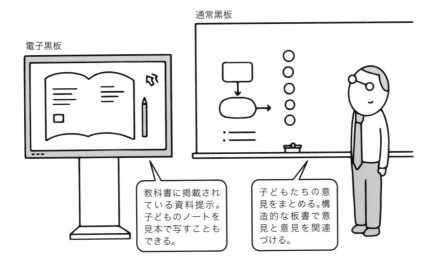

　書画カメラを活用すれば、子どもたちのノートをすぐに示すことができたり、先生の見本を大画面で映したりすることができるようになります。書画カメラはリアルタイムでの場面で高い効果を発揮します。

ポイント

1．電子黒板と通常黒板のそれぞれの強みを考え、上手く使い分けるようにしましょう。デジタルとアナログの融合が大切です。

2．ただ、写真や動画は「わかった気」にさせてしまう危険性ももち合わせています。「提示すること」と「思考させること」をいつもセットにしておきましょう。

3．子どもたちの意見をリアルタイムで構造的にまとめたり、意見と意見を関連づけたりすることはアナログの方が向いています。

第2章

ノート指導の技術

▶動画でわかる
授業技術
の基礎・基本
（ノート指導の技術編）

ていねいなノートを書かせる

「ていねいなノートを書く」ということは、学力向上にも大きく関係します。ノートがていねいに書かれているということは、頭の中もすっきりしているということです。逆にノートがぐちゃぐちゃになってしまえば、頭の中もぐちゃぐちゃになってしまいます。しかし、どうしてもノートをていねいに書くことが苦手な子どもがいます。そんな子にもていねいに書かせる方法は「行空け」をさせることです。

脳科学的アプローチ

「身の回りが散らばっているというのは、脳内も散らばっている」と脳科学ではいわれます。それは、ノートも同じで、ごちゃごちゃしているノートを書く子どもは、頭の中もごちゃごちゃしていると考えられます。それでは、その子自身が自分で学習内容を整理するということは難しいでしょう。まず、こちらがきちんとノート指導を行い、ていねいなノートを取らせることです。そうすることで、頭の中がすっきりします。頭の中がすっきりするということは、学習内容もスッキリ整理ができるということなのです。

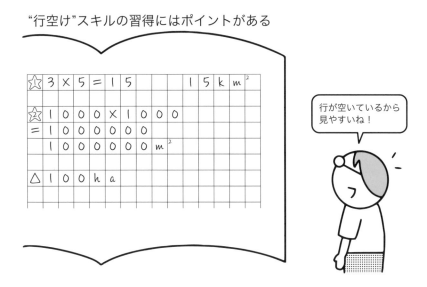

"行空け"スキルの習得にはポイントがある

行が空いているから
見やすいね！

「行を空けて書きます」とアドバイスするだけでは書けるようにはなりません。以下のステップを読み、確実に「行空け」のスキルを習得させてあげましょう。

ステップ

1. ノート指導で、1行空けるときには「1行空き」と追い読み（先生が言った後、その通りに言わせる）させましょう。

2. 1行空けるときには、黒板に▶マークをつけ、子どもたちに「▶があるところは1行空けましょう」と約束をつくります。

3. 上手に「行空け」をしている子どもには、行間に花丸を書いてあげることも効果的です。「行空きは美しい」などと言いながら丸を付けると価値づけにもなります。

メモを取らせる習慣をつくる

　ノート指導はダイナミックなものです。「ただ先生が黒板に書いたものをていねいに写すだけ」では、まるで味気ないノート指導になります。ノートは子どもたちの思考の跡を残すツールです。１時間が終わった後に、全員がその子だけのノートになっていなければいけません。では、そうしたノート指導をするために必要なこととは何か？それは「メモを取らせる習慣をつけさせる」ということです。

脳科学的アプローチ

　ノートに意見を書かせるときには「〇分で〇つ以上書きましょう」と時間と数字を指示に入れましょう。時間制限をかけることをタイムプレッシャーといいますが、そうすることで脳が活性化します。また「〇つ以上（学年の個数を指定してもいい。４年生なので４つなど）」という数を入れることも、アドレナリンというホルモンを分泌させ、脳を活性化させることにつなげられます。

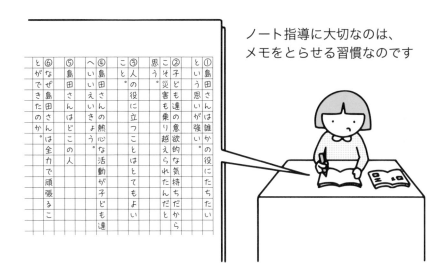

ノート指導に大切なのは、
メモをとらせる習慣なのです

「自分の意見を書かせる」ということを取り入れるときには、「どう書いていいかわからない」という子どもが必ずいます。それでも友だちの意見や先生のアドバイスをもとにとにかく書かせましょう。慣れないうちは写させてもかまいません。そのうち段々と慣れていきます。

ステップ

1．写真やイラストなど資料を提示し「気がついたことをできるだけたくさん書きましょう」と指示します。メモを取る第一歩です。

2．次に教科書や資料などから大事だと思うことをノートに書かせてみましょう。大事な情報を抜き取る作業です。

3．友だちが発表しているときには「鉛筆で話を聞きましょう」と言います。友達の意見をメモさせるのです。常に鉛筆を握らせておきましょう。

まちがいは消さずに残す

「ていねいに消しなさい！！」と何の疑いもなく指導されているかも知れません。しかし、国語授業名人、野口芳宏先生は言います。「間違いを消してはいけない」と。これはどういうことなのでしょうか。野口先生は「間違いを消さないことで、自分の思考の跡がわかる」というのです。確かに間違いを残しておけば「自分はここを間違えた」「自分はこうして考えを変えた」と思考の跡を残すことができます。

国際的アプローチ

実はフランスでは、幼少期からの教育方針として、鉛筆ではなく、ボールペンや万年筆を使用させるそうです。その意図としては、教師側が、子どもたちの思考の跡をできるだけ把握するためだということです。その子はどうやって気がついて正解にたどり着いたのか、楽々たどり着いたのか何とかたどり着いたのか、間違いが残っているからこそわかることがたくさんあるのですね。間違いに注目することで、自ら考える癖もつけることができます。

　子どもたちは消しゴムを使いたがるものです。しかし、その都度「どうして消しゴムを使わない方がいいのか」を説明してあげましょう。子どもたちが理解できたときにはじめて自分から×をつけ始めるものです。

ポイント

1. ×を打つときは、赤鉛筆を使うように言ってあげます。その方がノートをすっきりさせることができます。

2. ×を打った子を大いにほめましょう。「×をきちんとつけることのできる子はかしこくなる！！」などと言うと安心して×をつけることができるようになります。

3. ただし「ただの書き損じ」「汚い文字を書き直す」などのときには、通常通り消しゴムを使わせましょう。そのあたりは判断が必要です。

ノートは多機能を搭載した優れもの

ノートの役割とは何なのでしょうか？先生が黒板に書いたものを写す「記録的機能」、算数の計算問題を解く「ドリル機能」、自分が調べたものを蓄積していく「調査・観察機能」、授業の感想を残す「まとめ機能」など、様々な機能があります。また、社会科授業名人の有田和正先生は「思考の作戦基地」と言いました。私は「思考機能」と呼んでいます。思考機能とは、自らの考えを表現するツールとして、ノートを活用することです。ノートのもつ多機能性をしっかりと把握しておきましょう。

実践的アプローチ

私が学級担任をしていたときに、大切にしていた指導のひとつが「ノート指導」でした。高学年を担任することが多かったので、５ミリ方眼ノートを多用していました。ほとんどの教科（国・算・理・社・道）で５ミリ方眼ノートを使用しました。年度によっては、家庭科や総合でもノートを使っていました。ノートほど子どもたちの学びをダイナミックにさせるものはありません。おかげで、ワークシートを作成したことも印刷したこともほとんどありませんでした。

ノートの機能の種類を知らないと
授業の幅が広がらない！

こうしたノートの機能を知ることで「この授業ではどの機能をメインで使うか」を選択することができます。何も知らなければ「記録機能」「ドリル機能」くらいしか使うことはなく、非常にもったいないです。

ステップ

1．まずは基本である「記録機能」「ドリル機能」が使えるように指導しましょう。最も多用する機能です。

2．「調査・監察機能」を使うことができれば、社会見学や理科の草花の観察でもノートを活躍させることができるようになります。

3．最も子どもたちに身につけさせたいのが「まとめ機能」「思考機能」です。こうした力が身についてこそ、学びがダイナミックになるのです。

5

授業の振り返りで
自分だけの積み重ねをする

　毎回の授業のまとめはどのようにしていますか？「授業ではめあてとまとめが大切…」などと聞いたことがあるかもしれません。そうしたことから、先生がていねいにまとめた文章を黒板に書き、それを子どもたちが写していく…。これで、本当に子どもたち自身のまとめる力を鍛えることができているでしょうか。授業のまとめや振り返りは、子どもたちそれぞれが書くことを大切にするのです。

心理的アプローチ

　右の図は有名な「エビングハウスの忘却曲線」です。復習のタイミングまで合わせることは難しいかもしれませんが、復習をする、つまり思い出すという作業が記憶に大きく関係していることがおわかりいただけると思います。

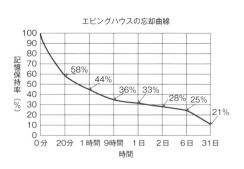

エビングハウスの忘却曲線

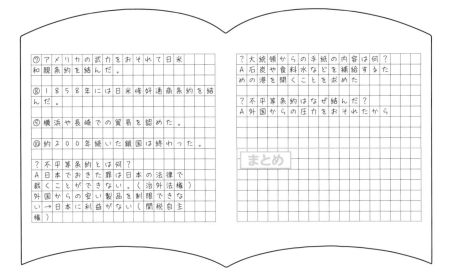

　1時間ごとのまとめはもちろん、単元を通してのまとめをすることも有効です。これは、左下に紹介した「エビングハウスの忘却曲線」にものっとっています。「思い出す」を意図的に仕組みましょう。

ポイント

1．「驚き」「共感」「疑問」「反対」などと、まとめをする際の視点を子どもたちに提示してやると、よりよい振り返りを書くことができます。

2．算数や理科など、学ぶ内容がはっきりとしているものについては、まとめは教科書を活用しつつ、感想としてそれぞれの子どもたちに書かせましょう。

3．「授業日記」と題して、家に帰ってから授業についての作文を書かせることも有効です。できればエピソードを書かせましょう。効果の高い復習になります。

6

キャラクターを使って
エピソード記憶で覚える

　ノート指導の中で、子どもたちが目をキラキラさせる瞬間があります。それは「キャラクター（イラスト）を描いてもいいよ」というときです。ただし、「キャラクターには、大切な言葉を言わせるようにしましょう（吹き出しをつくる）」と伝えます。こうすると、子どもたちのノートは一気にダイナミックに変化させることができます。子どもたち自身がノートをつくるのを好きになることが、よりよいノート作りの大前提です。

心理的アプローチ

　エピソード記憶とは「経験したことをもとにした記憶」というように言われています。今回紹介している「キャラクターの吹き出しに書かせる」（山口県福山憲市先生の実践を参照）という方法は、「キャラクターを書いた」という経験をもとに記憶させることをねらいとしています。

キャラクターを使って
楽しくエピソード記憶で
覚える

「キャラクターは上手に描かなくてもいいんだよ。図工の時間ではないから」と伝えてあげます。そうすると、イラストを描くことに苦手意識をもっている子も安心して取り組むことができます。

ステップ

1. まずは、単元のまとめのときなど、じっくりと時間があるときにイラストを描くことを勧めてみましょう。

2. 通常の授業中でも、授業の妨げにならないように（イラストに描くことで授業に追いつかないようではダメ）と伝えてあげましょう。

3. キャラクターが思い浮かばない子には、教科書に使用されているキャラクターを描くように伝えてあげます。

色えんぴつを使いこなす

「だんだんとノートをとるレベルが上がってきたな」と思ったときに
おすすめの指導があります。それは、「授業中に自由に色鉛筆を使って
もよい」とすることです。色を使う効果はとても大きく、どんな色を選
ぼうかと子どもたち自身の思考も刺激することができます。ここまでノ
ート指導が高まってくると、1時間の授業を終えた後に仕上がる子ども
たち一人ひとりのノートのちがいに驚かれることと思います。

コーチング的アプローチ

どうして子どもたちは色鉛筆を使ってノートを書くことが好きなので
しょうか。それは、自分のつくるノートを「選択」しているからです。
書く内容だけでなく、色や構成まで自分で選択することができます。選
択すると、主体的になります。もちろん、「あまり色鉛筆は使わない」
もオッケーです。それは、使わないという「選択」をしているからです。
授業中に自分が選択できる機会が増えれば増えるほど、子どもたちはや
る気をアップさせていきます。

一人ひとりのノートの個性をうまく引き出す

どんなときにどんな色を使うのかは、こちらから特に指定をする必要はありません。子どもたちの感性に任せましょう。たくさん色を使う子もいれば、そうでない子もいます。それも個性に合わせていきます。

ポイント

1．授業中に色を使ってもよいとする時期は焦らないようにしましょう。子どもたちがノートを取ることに十分に慣れてきてからで構いません。

2．「授業に追いつかない」ということがないように制限はしっかりとかけましょう。子どもたちは制限があるから工夫します。

3．「どうしてそんな色使いをしているか」を時折ペアトークで話をさせてみましょう。自分自身のノートの取り方への気づきも促せます。

よいノートを紹介する

　「よいノートを見る」という活動は、教師の説明がなかったとしても、とても効果のある教育活動です。「よいものとはどういったものか」というイメージをもっているかどうかで、子どもたちの動きもずいぶんと変わっていきます。指導の時間は５分もあれば十分です。ぜひ、クラス内のよいノートを交流する時間をとってみてください。

心理的アプローチ

　P.8でも紹介していますが、よりよいと思うモデルを見ることを「モデリング」といいます。モデリングとは、「何かしらの対象物を見本（モデル）に、そのものの動作や行動を見て、同じような動作や行動をすること」といわれています。特に、子どもの成長過程の中では、親や先生などをモデルとして成長していくといわれています。ノートの見本など、子どもたちによりよいと思うものはどんどんと触れさせてあげましょう。

クラス内のよいノートの交流は、
十分な教育効果がある

　「一生懸命に工夫されたノートはどんなノートもすばらしいんだよ」ということを事前に話をしておきましょう。そうでなければ、見た目がよいノートだけが賞賛されることになってしまいます。

ステップ

1. それぞれの机の上にノートを開いて置かせるようにします。そして、図工の鑑賞のように、静かな空間で自由にノートを見る時間をとります。

2. 教室内に「ブックスタンド」を用意し、教室後方に掲示します。休み時間などに自由に見ることができるようにしておきます。

3. 先生がピックアップしたものを大型TVなどで提示します。そのときには、子どもたちからよいと思った点を発表させるようにしましょう。

第3章

指名の技術

▶動画でわかる
授業技術
の基礎・基本
（指名の技術編）

呼名を大切にする

　子どもたちを指名する前に知っておいてほしいことがあります。それは「子どもたちの名前を呼ぶ」ということです。私の師匠にあたる心理療法家は言いました。「自分の名前は人生で一番たくさん聞く名前だ。先生はその名前を呼ぶという行為を大切にしてほしい」と。苗字であっても名前であっても大切な自分の呼び名です。ぜひ、そうした意識をもって子どもたちと接してもらえたらと思います。

心理的アプローチ

　授業の大前提として、先生と子どもが確かな信頼関係でつながっている必要があると考えています。心理学では、信頼関係のことを「ラポール」といいます。フランス語で「架け橋」の意味をもちます。大好きな先生のもとでは、学習も一生懸命になれます。しかし、信頼関係のない先生に何を言われても心には響きません。ぜひ、呼名するという小さな行為から、子どもたちとの信頼関係を築いてください。

子どもの名前を入れるだけで、
信頼関係がよくなる

○○さん
おはよう

○○くん
元気そうだね

　授業中でも休み時間でも構いません。１日に１度はクラスの子ども全員を呼名してあげましょう。毎日の小さな積み重ねが、確かな信頼関係をつくります。

ポイント

1. 朝や帰りのあいさつで「おはよう！」だけでなく「○○さん、おはようございます！」「○○さん、さようなら」としてみましょう。

2. 授業では、一人でも多くの子どもを指名できるように工夫しましょう。指名の際は、必ず呼名します。

3. ノートやワークシートにコメントするときも、可能な限り名前を入れて「○○さんの気づき、すごい！」などとしましょう。

挙手指名の前の活動を
大事にする

　学校の中で最もよく使われている指名技術が「挙手指名」ではないでしょうか。たくさんの子どもたちが意欲的に挙手している姿は、昔と変わらず学級の一つの理想として考えている方も少なくないでしょう。しかし、学年が上がるにつれて、子どもたちはなかなか挙手しないもの。どうすれば、子どもたちは進んで挙手するようになるのでしょうか。ヒントは「事前の活動」にあります。

実践的アプローチ

　数年前、もと千葉県小学校教諭の横山験也先生が「事前学習法」という授業方法を提唱されました。事前学習法では、本番の学習（本頁であれば挙手をするという活動）の事前が大切であるという考えです。「事前で9割決まる」という考えのもと、教師が目指す理想の子ども像のために、事前に何をするのかを大切にすることで、子どもたちへのアプローチが変わっていきます。

挙手しやすくするために
ひと工夫

①ペアトーク 　②ノートに書く 　③立場をとらせる

　発言への抵抗感を減らすことで、子どもたちは「意見を言おう」という気持ちになります。「なぜ抵抗感があるのか」と、子ども側の立場になって考えることで、工夫が発見できるはずです。

ポイント

1．挙手をさせる前には必ず活動を取り入れましょう。たとえばノートに書かせる、AかBか立場を取らせる、ペアトークをさせるなどです。

2．時には「先生からあてるわけではありません。書けた人は手を挙げなさい」などと、全員が手を挙げることのできる活動を入れましょう。

3．全員を起立させ「ノートに書いた意見を言ったら座ります」と指示し、同時に自分の意見を言わせます。発言の練習も取り入れることで、発言への抵抗感を減らすことができます。

列指名で指名のバリュエーションを
アップする

　指名の方法はひとつでも多くもっておくことをおすすめします。ずっと教師からの指名に頼っていれば、だんだんと子どもたちや先生にも「飽き」がやってきます。まず、かんたんで効果のある指名方法が「列指名」です。その名の通り「○○さんの列の人、立ちましょう」などと言って、その列の全員を指名するのです。授業の導入場面などで活用することで、教室の雰囲気もあたためることができます。

コーチング的アプローチ

　コーチングのスキルに「チェックイン」と呼ばれるスキルがあります。チェックインは、「場の本題に入る前に、参加者の状態や気持ちを共有する時間をとるというもの」として使われていますが、授業では「誰もが答えることのできる発問で始める」と置き換えることができます。簡単に答えることのできる発問を用意し、列指名と組み合わせることで、授業のアイドリングのような効果をもたらすことができるのです。

誰もが答えることができる発問

×

列指名

×

「授業のアイドリング」

Aさんの列
立って！

　どの列を指名するか？ということも意識してみましょう。たとえば
「最近発表をがんばってほしいと思っているAさんのいる列」などと意
図をもつことで、ねらいをもった指名をすることができます。

ポイント

１．列指名では、まずその列全員を起立させます。起立することで、
　　待つ子どもは気持ちの準備をすることができます。

２．時には、横の列、斜めの列などとバリエーションを増やしまし
　　ょう。指名の種類を豊富にすることができます。

３．「今日は７日だから出席番号７番の○○さん、（間を取る）の列
　　立ちましょう。」などとすると、教室を少し盛り上げることが
　　できます。

「相互指名」制度を取り入れる

　授業の中でできるだけたくさんの子どもから意見を拾いたいとき、「先生―子ども」だけでは、テンポが悪くなってしまいます。また時間もかかります。そこで、子どもたち同士で指名し合う「相互指名」を活用します。相互指名を取り入れると、先生は板書にある程度集中できるというメリットも生まれます。

実践的アプローチ

　相互指名が活躍する場面は「（道徳科で）教材を読んで感じたことを発表する場面」「（社会科や国語科などで）討論の場面」など、子どもたちの発言が続く場面がとても有効です。また、先生から指名されるよりも、友だちから指名された方が、気持ちがラクという子どももいます。相互指名を取り入れると「あっ、あの子も挙げている」なんて場面に出会うこともできますよ。

「相互指名」の方が、有効な場面がある

　子どもたちには、「『○○さん』というように名字で指名しましょう」と伝えます。授業中はあだ名ではなく、きちんとした言葉遣いをすることを指導していきます。

ステップ

1. 「では、○○さんからお願いします。意見を言ったら次の人を指名してから座りましょう。誰も挙手しなかったら○○さんが座れないから協力してあげてね」などと指示をします。

2. 「同じ人ではなく、まだ意見を言っていない人を指名するようにしましょう」と言い、できるだけ多くの子が意見を言えるようにします。

3. 時には「男子は女子を、女子は男子を当てましょう」と言い、名前を呼び合う環境を設定します。

「指名なし」発表を取り入れる

相互指名に慣れてきた子どもたちには、「指名なし発表」を取り入れてみましょう。これは、先生が指名するのではなく、子どもたちが自分たちで起立して意見を言っていくのです。こうすると、よりスムーズに発表をすることができるようになります。また心地よい緊張感の中で議論を進めることができるようになります。子どもたちが慣れることに少々時間はかかってしまいますので粘り強く見守りましょう。

実践的アプローチ

指名なし発表の文化が子どもたちの中に浸透すると、あらゆる場面で活用することができます。そして、何より先生の手が空くので、子どもの様子をじっくりと観察することができます。学級に勢いが増し、授業に活気をもたらすという効果もあります。ぜひ、指名なし発表に挑戦してみてください。

指名なし発表がクラスに身につくと、授業が変わる

　子どもたちが起立できるように机と机の間は少し開けるように指導しましょう。35人を超えるとかなり狭くなります。うまく広げることができるように教室環境を整えてあげます。

ステップ

1．「全員、机ごと教室の真ん中に向きましょう」と言い、机を移動させます。初めてのときは、先生が教室中央へ入って指示をした方がいいでしょう。

2．「先生は当てませんから、発言したい人は立って発言をしてください」「重なったときは、譲り合うようにしましょう」と声をかけ、発表をスタートさせます。

3．先生は黒板やノートに意見をまとめたりして議論を整理します。議論の後には先生がコメントをしましょう。

「ここぞの場面」で教師から指名する

　「主体性」「自主性」が重んじられる昨今では「教師から直接指名する」という行為は否定的に捉えられるかもしれません。しかし、教師からの指名も授業を充実させるための重要なスキルのひとつなのです。子どもたちの多様な意見を短い時間で吸い上げたいときなどは、ぜひ実施してみてください。授業がギュッと引きしまることも魅力のひとつです。

実践的アプローチ

　授業の終盤で、まとめや考えを発表させるときに、どうしても時間がないことがあります。そうした場面でもできるだけちがう意見も取り上げたいものです。そんなときは、教師の方で、意見を選別し、ちがう意見の子どもを数名指名した方が、全体を考えたときには、スムーズなのです。ぜひ、机間指導で瞬時に意見を分けることができるようにしてください。

授業で「ここぞの場面」で
子どもを見取り、
堂々と指名する

　「教師が発言する子どもを選んでいる」という意見に負けてはいけません。子どもたちの中で一番議論をていねいかつ効率よく進めることができるのは教師です。必要と思った場面では堂々と指名していきましょう。

ステップ

1．机間指導をする中で、子どもたちの意見を分類します。そして、意見が偏らないように指名する子を選定していきます。

2．選定するときには、机をたたく回数を変えるなどして、誰が同じ意見なのかを子どもに知らせておきます。そうすると、スムーズに進めることができます。

3．「机1回たたかれた人起立」などと言い、意見を言わせていきます。もちろん呼名をし、順番に言わせても構いません。

名前マグネットを使う
指名の方法

名前マグネットを作成している先生は多いでしょう。しかし、指名のときに効果的に活用することができている先生は少ないようです。名前マグネットを貼れば、一目で子どもたちの状態を把握することができます。状態が把握できれば、意図的な指名につなげることができるのです。また、その子の意見の近くに貼っておくことで、その意見はだれが言ったのかも把握することができるようになりますよ。

実践的アプローチ

ある先生が公開授業をされたときのことです。「あの板書はいいね、よく考えられている。初めて見たよ」と校長先生からおっしゃっていただいたようです。それは、「名前マグネット＋（教師が）その子の意見を板書する」という私がサークルで紹介したものでした。そのときは「バルーン方式」と名付けたのですが、だれがどのあたりの立場で、どんな意見なのかがすぐにわかるので、とてもわかりやすい実践となったのでした。もちろん、今もおすすめです。

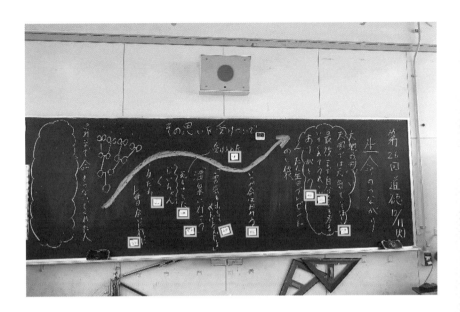

　名前マグネットは、先生用にひとつ、個人で持たせるようにひとつ用意すると便利です。先生が貼っていくときと、子ども自身で貼りに行くときが場面によって生まれます。それぞれ使い分けるようにしましょう。

ポイント

1．「綱引きチャート」や選択肢のある発問を出し、その後に自分の考えのところに名前マグネットを貼らせます。

2．だれがどの立場なのかが明確にわかるので、議論の進行に合わせて指名します。近くにその子の意見を書くこともできます。

3．2つの立場や3つの立場で議論をしているときは、いつでも名前マグネットを移動してもいいようにしましょう。意見の変化を可視化できます。

第4章

授業展開の技術

▶動画でわかる
授業技術
の基礎・基本
（授業展開の技術編）

単元のスタートは
「知っていること」から書かせる

　単元の導入をどのように意識していますか？単元の導入では「（その単元について）知っていること」を子どもたちから引き出すようにしましょう。知っていることを答えることで、子どもたちの意欲を引き出すことができ、「知らないことへ目を向ける」ことへとつながります。知っていることを出させた後に、単元のめあてを提示したり、疑問を出させたりすることによって、次時以降への授業につなげることができます。

心理的アプローチ

　KWL表とは、「What I know（知っていること）」「What I want to learn（知りたいこと）」「What I learned（知ったこと）」のそれぞれの頭文字を取って名付けられました。1986年、アメリカの教育学者ドナ・オーグル氏が提唱したものです。この３つの視点を単元や授業の適切な場面で差し込むことで、学習効果が期待できます。まずはこの３つの視点を知り、子どもたちにどれかひとつでも問うてみることから始めましょう。

たとえば、その単元で習うべき言葉（食物連鎖など）が出てきたら「それってどういうことか説明してくれる？」と切り返しましょう。指名された子は説明する機会になります。そして「みんなで学んでいこう」と返していくのです。

ステップ

1. 理科や社会であれば、単元のはじめに、使われている教科書の見開きの写真を活用しましょう。とても効果があります。

2. 知っていることを出させた後に「どんなはてながありますか？」「どんなことを知りたいですか？」と発問しましょう。学習意欲を高めます。

3. 単元のスタートに出た子どもたちの疑問などは大切にしておきましょう。第2時以降で「○○さんも疑問を出していたけど…」と活用します。

子どもが「知りたい」と思う
課題提示をする

　前学習指導要領では「関心・意欲・態度」が、そして、今回の学習指導要領では「主体的に学習に取り組む態度」が言われるようになりました。どうして、いつもこうした文言がわざわざ組み込まれているのでしょうか。当然のことですが、同じ課題を意欲のある人と、意欲のない人が取り組めば、その成果はまるでちがったものになるでしょう。まずは、子どもたちに「やりたい、知りたい」を思わせられるように工夫しましょう。

実践的アプローチ

　愛知教育大学教授、鈴木健二先生は「教科書研究」を提唱されています。「教科書なんてつまらない」でなく「教科書はおもしろい」と視点を変えて教科書を活用するのです。鈴木先生は「教科書をおもしろくする」「教科書をおもしろがる」と言います。教科書に使われている写真や資料、見出しなどに「どうして？」「本当に？」などと、批判的に見ることで、これまでとちがった見え方ができるはずです。

　課題提示のあとには、ペアトークを効果的に活用しましょう。授業開始3分以内に子どもたちに発話をさせることで、授業へのスイッチを入れることができます。

ポイント

1．教科書の写真や資料を活用し「わかったこと・はてなと思うことは何ですか？」と発問しましょう。あらゆる場面で活用できる発問です。

2．教科書の見出しも活用することができます。「雲と天気の変化」という見出しなら「雲と天気に関係なんてありますか？」と切り出します。

3．算数科などであれば「こんな問題できるのかな？」と切り出してみましょう。すると、子どもたちは解決方法へと目を向け始めます。

協働学習を充実させるために「個人学習」の時間をとる

　「主体的・対話的で深い学び」が提唱されてから、協働学習など子どもたち同士の関わりのある学習が求められるようになりました。しかし、そうした関わりのある学習の土台には「個人学習」があるのです。自分で考えた後だからこそ、友だちと話し合えます。そして自分の意見とのちがいを比べることができます。実は、対話的な学習には「個人学習」が欠かせないのです。

実践的アプローチ

　『自由バズを取り入れた授業の進め方』市川千秋著（明治図書出版）という書籍があります。刊行されたのは1987年、今から30年以上も前の書籍です。実は、この書籍の中で、今でいう「学び合い」の学習方法が提案され、詳細な研究データに基づいて、学び合い（市川先生は自由バズ学習という名で提唱）学習の効果が証明されています。書籍の中で「子どもたち同士の関わり合いの前に、少しでも個人で学習する時間を取ることが重要である」と述べているのです。

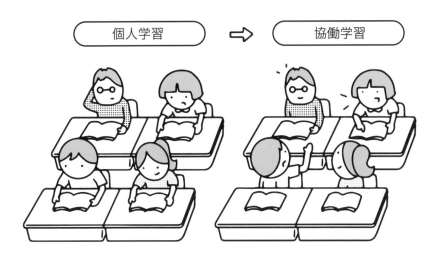

　「個人学習」はある特定の子どものみができないとわかっていても時間を確保するべきです。それは、一人で考える時間を確保するためです。しかし、無意味にその時間を長くしてはいけません。時間配分を意識しましょう。

ポイント

1．「個人学習→協働学習」という流れをいつも意識しましょう。個人学習があるからこそ、協働学習の効果が生まれます。

2．個人で学習に取り組む時間は、決して長くする必要はありません。たった2〜3分でも効果があるのです。

3．個人学習の仕方は、「間を取る（思考の時間を取る）」「ノートに書く」「教材に線を引く」など、様々な方法があります。

子ども同士が
学び合う時間を取る

　私たちが職員室で仕事に行き詰ったとき、どのように解決しているでしょうか？必要なリソース（人、資料など）から情報を得るようにしているのではないでしょうか？私は、学び合いの学習をこんな自然な仕事の場面と重ねて考えています。わからなければ人に聞く、必要な資料を調べるなど、自分のペースで進めていくことを学習の「当たり前」になればといつも考えています。

実践的アプローチ

　西川純先生（上越教育大学教授）が提唱する「学び合い」とはどういったものでしょうか？学び合いの学習では、「子どもたちは有能である」「誰一人見捨てない」という考えのもと、授業のはじめに課題提示と、子どもたちに「その時間内に全員が達成すること」の重要性を教師が説いて学習がスタートします。子どもたちは自由に席を立ったり話したりしながら学習を進め、とにかく「全員の課題解決」のために進んでいきます。（詳しくは、西川純先生が提唱されている「学び合い」関連の書籍をお読みください）

わからなければ人に聞く。
必要ならば調べる。
困っている友達は助ける。
学び方はさまざま

　子どもたちの学び合いの時間では、席を自由に動いてもいいことを伝えます。同時に「動かなくてもいい」「一人でしてもいい」ことも伝えましょう。学習者である子どもたちが自分で学び方を選べるようにしてあげます。

ポイント

1．一人で学んだ時間のあとに学び合いの時間を取るようにします。そうすることで、課題意識をもって子どもたちは取り組むことができます。

2．「わからなければ聞く」「困っている友だちがいれば教える」ことを当たり前の雰囲気にしましょう。そのために、先生は何度も子どもたちに語りましょう。

3．できた子には「教えることでもう一度勉強する」ということも伝えます。そうすることで、教えることが自分のためにも相手のためにもなるという意識が生まれます。

5

終末で自分の力を蓄積する

　授業の終末場面は、「それぞれの力を蓄積する時間」といえます。算数であれば計算問題を解く時間となるでしょうし、理科であれば実験や観察をまとめる時間、国語や社会では、自分の考えをまとめる時間となることが多いのではないかと思います。授業の終末で、自分の言葉で学びを記すからこそ、自身の中に蓄積されていくのです。

実践的アプローチ

　学習の目的とは何でしょうか？テストの点数を子どもたちにどうしても取らせたいからと、重要語句をまとめたり、繰り返し練習問題のみを解いたりする終末をよく見かけます。しかしながら学びの本質を突く授業にはなり得ません。学習の最後は、自身の言葉で、わかったこと、驚いたこと、疑問に思うこと、自分が思うことなどを書くようにするのです。本来、学習とは感情をともなうもの。その自分の感情をぜひ残すような終末場面を考えましょう。

学習とは感情がともなうもの。
自分の言葉で振り返る

自分の言葉

　時間を取ることができれば、可能な限り長く詳しく書かせるようにしましょう。そうすることで、それぞれの深い思考を引き出すことができます。ゆくゆくは、数分でもたくさんの文量が書くことのできる子どもたちを育てましょう。

ポイント

1. 終末場面では、ノートに自分の考えたことを残すようにします。こうした積み重ねが自分だけのノートをつくります。

2. 時には、学習内容だけではなく、授業時間自体の感想（友だちが助けてくれてうれしかったなど）を残すようにもしましょう。

3. 自分の学習態度を振り返ることも効果的です。そうしたことで、自身の学び方を鍛えることができます。

6

授業の流れやそれぞれの段階を意識する

　今の日本の「学級担任」という制度では、一人の先生が複数の教科を受けもつことになっています。また、年間の授業時数が1000時間を超える学年があることも考えると、全ての授業をよい授業にするのはとても困難なことであることがおわかりいただけると思います。それでも、少しでもよくしていかなくてはいけません。そのためには、授業の「型」が必要なのです。ここでは、「導入・展開（前段・後段）・終末」というオーソドックスな流れをもう一度見直してみましょう。

歴史的アプローチ

　教育史をみてみると、歴史上でも「四段階教授法」「五段階教授法」が提唱されていました。やはり、教えるということの構成は、昔から4段階や5段階がよいとされてきているのです。今の教育界に定着している「導入・展開（前段）・展開（後段）・終末」などという授業の流れは歴史的にも確かなものであるといわれているのです。

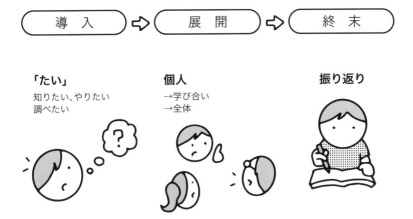

導入　⇨　展開　⇨　終末

「たい」
知りたい、やりたい
調べたい

個人
→学び合い
→全体

振り返り

　展開は前段と後段に分かれます。前段では、個人の学びと学び合いをする時間、後段では全体発表や議論をする時間と捉えましょう。これは、多くの教科にあてはめることができます。

ステップ

1．導入では、何より子どもたちの興味・関心を高めることが大切です。「知りたい・やりたい・調べたい」と「たい」を生むようにしましょう。

2．展開では、個人→学び合い→全体の流れを意識しましょう。学び合いの後も全体で発表したり意見交換をしたりする時間が必要です。

3．終末では、前ページのように、個人の学びとして落とし込むことが必要です。ダイナミックに学び合った後だからこそ大切な時間にしましょう。

教師と子どものバランスを考える
～リード・サポート・バックアップ～

　授業の中で、教師の活動（説明や指示など）と子どもの活動はどれくらいのバランスを取ればいいのでしょうか。実は、このバランスは、1年間をかけて、ゆっくりと変化していかなくてはいけないのです。また、単元内でもバランスを変化させていきましょう。その段階を「リード・サポート・バックアップ」といいます。まずは、教師がしっかりとリードする、次に子どもができるようにサポートする、最後は教師がバックアップに回り子どもたちに任せていくようにするのです。

実践的アプローチ

　この「リード・サポート・バックアップ」という考え方は、六甲SFclubというサークルに通っていたときに教えてもらったものです。もともとは、教育の仙人と呼ばれた堰八正隆先生が提唱した考え方でした。私はこの考え方を知り、常にこの3段階を意識したことで、今、子どもたちにどのようなアプローチをするべきなのかを考えることができるようになりました。さらには、計画の段階でも、どんな風にリードするか、どこから子どもたちのサポートに回るか、どこからバックアップに回るかを考えています。

リード・サポート・バックアップの考え方は、１学期、１か月、１週間、１日、そして、１時間の中でもあてはめて考えることができます。あらゆる教育活動で、この３段階を意識してみましょう。

ステップ

1. まずは、取り組む活動のゴール、つまり先生がバックアップに回っても子どもたちが活動している姿を設定します。

2. そのゴールの達成のためには、どのようなシステム、ルール、方法が必要なのかを考えます。

3. そうしたことを考えることができたら、あとはそれに向けてしっかりと指導をしていきます。まずは躊躇なく教えることが大切です。

単元はリード期を意識して組み立てる

　単元の考え方は、前ページの「リード・サポート・バックアップ」を意識して組み立てると、それぞれの段階でのやるべきことが認識できます。まず、単元の１次では、子どもたちに興味・関心をもたせたり、見通しをもたせたりします。ここでは、先生からしっかりと提示をするようにしましょう。そして、２次では、だんだんと先生からの提示が少なくなっていき、子どもたちの活動がメインとなっていきます。３次では、子どもたちが成果を発表するなど、先生はバックアップへと回ります。

実践的アプローチ

　学習者である子どもたちの活動が注目されていますが、実は、「リード・サポート・バックアップ」の考えにもとづいて取り組む中で重要になるのが「リード期」なのです。先生が単元や授業のはじめにていねいに教えるべきことを教えているか、子どもたちがやってみたいと思える興味付けをしているか、子どもたちに学習の道筋を見せ、見通しをもたせているか、こうしたしっかりとしたリードがあってこそ、子どもたちは安心して自分たちの活動に集中することができます。

1次は
「リード」が重要

2次も
「リード」「サポート」
「バックアップ」を意識

　単元の中では、2次が最も長い時間になります。その2次の中でも、「リード・サポート・バックアップ」を意識するようにしましょう。2次のはじめと終わりでは、先生と子どものバランスが変わっていきます。

ポイント

1．単元の組み立て方も1時間の授業の組み立て方も基本的には同じです。まずは、子どもたちがゴールした姿をはっきりともちましょう。

2．もし、単元の途中で「うまくいっていない」と感じたときには、まずリード期の指導を見直しましょう。そこでの不備を子どもたちに伝えるようにします。

3．リード・サポート・バックアップの考えを取り入れ、ありがちな失敗は「焦って次の段階にいってしまった」ということです。「もう大丈夫」と確実に思ってから、次の段階へと進みましょう。

第 **5** 章

授業導入の技術

▶動画でわかる
授業技術
の基礎・基本
（授業導入の技術編）

導入ですべきこと

　導入ですべきことは「興味・関心を高めること」です。そのために、教科書の資料を活用したり、発問をしたりします。しかし、日常授業ではそれだけではありません。たとえば、「九九を音読する」といった、ある期間をかけて習得させたい学習内容を継続的に取り組むこともあります（「帯の時間」といわれます）。または、子どもたちの学習への気持ちを切り替える活動（音読に取り組む、かんたんな問題を出す）なども考えられるでしょう。

実践的アプローチ

　「○○の時間の導入はこれからスタート」ということを決めてしまうことで、毎回の導入を効率的かつ効果的に進めることができるようになります。本章では、各教科の導入を紹介していますので、ぜひ参考にしてみてください。導入が安定すれば、授業が安定します。また、子どもたちが意欲的になります。授業の開始5分程度という短い時間ですが、ぜひ大切にしてください。

導入のバリエーションはさまざま。
安定的・効果的に
子どものスイッチを入れる

やる気
スイッチ

　また、導入段階で「本時で扱う重要な知識・スキルを確認する」ということも大切です。これまですでに既習していることを押さえる時間としても導入を活用することができます。

ポイント

1．導入の活動が安定すれば、「まだ子どもたちが教室に全員揃っていなくても授業を開始する」ことができるようになります。やるべきことが、ハッキリわかるからです。

2．「帯タイム」を設定するときには、かけ算九九や都道府県の位置・名称など、時間をかけて習得するものを選ぶとよいでしょう。

3．導入で活用できる「モノ」を用意してみましょう。地図帳、九九の歌、音読教材、フラッシュカードなどがあると便利です。

国語科で使える導入のネタ

○　漢字ドリル超高速読み

　漢字ドリルの熟語を次々と読んでいきます。できれば、漢字の読みだけを先習いさせ、何度も音読をさせましょう。そうすることで、新出漢字を習うときへの負担を減らすことができます。

○　熟語フラッシュカード

　その学年で習う漢字をフラッシュカードにして次々とめくっていきます。フラッシュカードの代わりにパワーポイントなどで作成したものを提示してもよいでしょう。

○　名文音読

　有名な音読教材（金子みすゞや宮沢賢治など）を音読。追い読み、交代読み、一斉読みなど、読み方に変化を加えることで、名文を味わうことができます。

○　国語辞書引き

　そのときに学習している教材などの意味調べを行います。もちろん、教材と関係のない言葉でも構いません。どんどんといろいろな言葉を調べるようにしましょう。

○　漢字空書き

　前の時間に学習した漢字などを指で空に書きます。超巨大に、超極小に、高速で、ゆっくりで、かわいい声で、などと変化をつけることで楽しく取り組むことができます。

「空」って書けるかな？

ポイント

　国語科の特徴として「言葉に親しむ」ということがあげられます。導入の時間を活用して、できるだけたくさんの言葉や漢字、そして文章に触れることができるようにしてあげましょう。

算数科で使える導入のネタ

○　前時の復習問題

　かんたんな問題を2～3問、黒板に書きます。「できた人は立ちましょう」などと動きを入れることで、授業のはじめの雰囲気を温めることができます。

○　算数じゃんけん

　指を使ってじゃんけんをします。1～5本の指を出すことができると子どもたちに伝えましょう。「算数じゃんけん、じゃんけん、ホイ」のリズムで手を出します。そこで出した数の合計でもいいですし、差でもいいですし、積でもかまいません。答えるスピードを競わせます。となりの人や、自由に立ち歩いたり、男女でやること、など変化をつけましょう。

○計算カード（九九カード）

　多くの学校で取り入れられている低学年の計算カードや九九カードを導入に使いましょう。「全員起立、できたら座ります」などとすると、授業スタートの雰囲気をつくることができます。

○　九九の歌を流す

　九九の歌を授業開始と同時に流します。九九の歌は、２年生の既習を待たなくとも流していってよいでしょう。また、３年生の前半でも流すことをお薦めします。２年生で習得しきれなかった子どもたちもいるからです。

○　問題を出し合う

　前の時間までに学習したことを問題として出し合います。ただし、前の時間までに学習した問題のみにしましょう。子どもたち同士で答え合わせができるようにするためです。

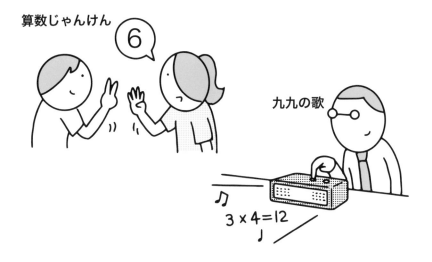

ポイント

　算数科の学習のコツは「算数的体験を多くすること」です。つまり、たくさんの問題と出会うことでもあります。導入で、いろいろなアクティビティを取り入れることで、その体験を耕すことができるのです。

社会科で使える導入のネタ

○ 地名探し

地図帳を使った導入ネタです。先生から「千早赤阪村はどこですか？」などとお題を出します。見つけられた人は起立するというシンプルなルールです。第２問からは、一番に正解した子どもに出させてもよいでしょう。

○ 「●●」かるた

歴史人物かるた、地図記号かるた、都道府県かるたなど、こちらもその学年で習得させたいものを選ぶとよいでしょう。ただ、かるたは準備が大変です。簡単に手に入るときのみにしておきましょう。

○ フラッシュカード

社会科ではフラッシュカードにするといいものがたくさんあります。地図記号、都道府県の名称、歴史人物、国旗など、その学年で習得させたい内容をフラッシュカードとして作成しておくととても便利です。

○ 都道府県の歌を流す

都道府県の歌というものがインターネットで検索するとヒットします。

こちらを授業が開始したと同時に流します。歌に合わせて都道府県を覚えることができます。

○　連想クイズ（ペアで行います。）

　　Ⓐくん「織田信長といえば？」Ⓑさん「本能寺の変！」

　　Ⓑさん「本能寺の変といえば？」Ⓐくん「明智光秀！」

というようにクイズを出し合います。もちろん同じ用語を答えとして言ってはいけません。

教科を活用してクイズを出し合う

教科書

ポイント

　社会科は覚えることが多い教科であることに間違いありません。しかし、ここであげたようなネタを活用して定着させることで、楽しく取り組ませることができます。ぜひ、ひとつでも試してみてください。

理科で使える導入のネタ

○　フラッシュカード

　理科でもフラッシュカードは活躍します。テストで出るような重要語句はもちろん、実験器具などもぜひ取り入れてみてください。子どもたちの実験器具に対しての意識も随分と上がります。

○　今日の気温は？

　温度や数値をはかることの多い理科の学習。温度計、気体検知管など、目盛りを読む活動もたくさんあります。温度を当てることは、実際に目盛りを用意するわけではありませんが、意識を高めることができます。

○　理科用語ビンゴ

　覚えなければならない用語をビンゴ形式で覚えます。教師が単語を指定し、子どもたちはマスを埋めていきます。

○　クイズ（問題）を出し合う

　教科書を活用し、「テストに出ると思うところを問題にしましょう」と言って、班のメンバーでクイズを出し合います。子どもたちだけで進めることができるようにもなります。

○　私はだあれ？

　3年生で使えるネタです。教科書に登場する虫のシルエット画像をインターネットで入手します。それを子どもたちに提示し、「何の虫か？」を当てるシンプルなゲームです。

ポイント

　理科は馴染みのないものを扱うことが多くあります。しかし、実験器具でも動植物でも、子どもたちは興味津々でそれらを見ています。その興味・関心を生かし、導入で様々な理科に関するものに触れるようにしましょう。

外国語科（英語）で使える
導入のネタ

○　フラッシュカード

　外国語でもフラッシュカードは活躍します。子どもたちが既習する予定の英単語をフラッシュカードにしてめくっていきます。スライドなどでイラストと合わせてスペルを掲示すれば、より効果的に進めることができます。

○　アルファベットの歌を流す

　アルファベットソングを授業開始と同時に流します。固定の歌を決めておくことで「今から外国語科（英語）の時間だな」と子どもたちに伝えることができます。もちろん、ちがう曲でも構いませんが、一定期間は同じ曲を扱った方がいいでしょう。

○　英語じゃんけん

　先生と子どもで行ってもよいですが、自由に立ち歩きながら子ども同士で行うのもおすすめです。そのときにはじゃんけんの前には「Hi!」と声をかけ、終わったら「Thank you!」を言い合うことを忘れないようにしましょう。

○　シルエットカード

　シルエットでわかるものをスライドで提示し、英語で答えるアクティビティです。子どもたちは「野球ってわかるんだけど、英語でなんて言うんだったかなぁ」と盛り上がります。「これは何？」「英語では？」と２つのハードルがある分、楽しむことができます。

○　日付と曜日と天気を聞く

　「What's the date today?」「What day is today?」「How is the weather today?」と毎回の授業で子どもたちに聞いてあげます。そうすれば、日付、曜日、天気の言い方を習得することができます。

日付と曜日と天気を聞く

What's the date today?

What day is today?

How is the weather today?

ポイント

　外国語科（英語）の活動で大切になるのが、雰囲気です。苦手意識をもっている子、内向的な子どもは英語を発話することなどを恥ずかしがってしまいます。「英語を話しても安心」と感じられるような導入場面をつくってあげましょう。

道徳科で使える導入のネタ

○　教科書の挿絵や写真を使う

　教科書の挿絵や写真を活用して導入場面を考えます。教科書に掲載されている挿絵や写真は教材の重要な要素をもつことがほとんどです。それを提示し、発問しましょう。発問はまず「気がついたことや、はてなと思うことは何ですか？」と聞くことからやってみましょう。

○　挿絵の最終場面を扱う

　授業の導入で、最終場面の挿絵や写真を扱います。そして「何があったのでしょう」と発問します。子どもたちは、教材の本質に迫るような気づきを得ます。すると、問題意識を高くもって教材を読むことにつながります。

○　教材の本文中の一部を紹介する

　教材の本文中の一部分を導入で紹介し、発問します。たとえば「この後どうなるのでしょう？」などと、発問することで、ぐっと本文に興味・関心を抱かせることができます。興味・関心をもって読むことで、本文の内容整理にもつながります。

○　本時の内容項目を扱う

「『誠実』と聞いて、どんなことが思い浮かびますか？」と、子どもたちの知っている知識を引き出します。「どんな人を思い浮かべますか？」と変えてもいいでしょう。もっている知識を引き出すことで、興味・関心を高めます。

○　教材のタイトルを使う

たとえば「この胸の痛みを」という教材では、導入で「主人公はどんな胸の痛みを負うのでしょう」とタイトルを関連づけて発問します。教材のタイトルは、教材の本質をついていることも多く、効果的に活用することができます。

教材のタイトルを使う

ポイント

道徳科の授業は「先生の数だけ授業があっていい」と言われています。ぜひ、ここにある導入方法を参考にし、さらなる工夫をしてみてください。他教科よりもうんと自由度をもって授業づくりに取り組むことができますよ。

音楽科で使える導入のネタ

○　音のまねっこ

　先生の出す音（リコーダー、鍵盤ハーモニカなど）を真似して音を出させます。基本的な音出しでも構いませんし、今習っている曲でも構いません。先生の方でしっかりリードしていきましょう。

○　音づくり

　子どもたちに音作りをさせ、それを全体の子どもたちに真似させます。リコーダーや鍵盤ハーモニカで、「ド・ド・ド〜」など、3拍子や4拍子で音をつくらせましょう。それをリレー形式で回していきます。

○　歌い出しコンテスト

　前奏を流し、最初の部分だけ歌うようにします。短い時間で次々と曲を変えていきましょう。子どもたちには、何を流すかは伝えずに流します。子どもたちは「あっ、次は○○だ！」と意欲的に取り組みます。

○　各自で練習スタート

　鍵盤ハーモニカやリコーダーの練習時間を確保します。となりの子どもと同じ曲でタイミングを合わせて練習させてもいいでしょう。刺激し合うことで、練習効果を高めることができます。

○　ゆっくり鑑賞

　授業開始と同時に鑑賞曲を流します。雰囲気は一気に音楽モードになります。ゆっくりと音楽を堪能してから授業を開始します。鑑賞曲に親しむ機会も多く取ることができます。

ゆっくり鑑賞

今日はこの曲から
聴いてみましょう

ポイント

　音楽科はどれだけ音楽に親しむことができるかが大切です。導入から様々なパターンで活動を仕組み、子どもたちが「歌う」「奏でる」「聴く」「つくる」という音楽に親しむことができるようにしましょう。

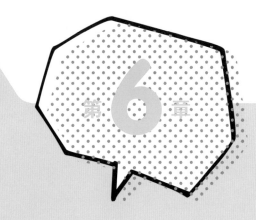

第**6**章

指示・説明の技術

一時に一指示が基本中の基本

　授業中に大切な教師の動きとして「発問」「指示」「確認」があります。その中にある「指示」という役割は一体なんでしょうか？指示の役割は「子どもの動きを具体的に示す」という役割があります。つまり、子どもたちにどれだけよい発問をしても指示がなければ、子どもたちはどう動いていいのかがわからなくなってしまうのです。

実践的アプローチ

　元東京都小学校教諭（現TOSS代表）の向山洋一先生は、授業の原則十ヵ条をまとめ、その中に「一時に一事の法則」を打ち出されました。子どもたちに指示をするときは「教科書を出して、ノートを開いて、それから鉛筆を持ちましょう。それから…」と、1回の指示でたくさんの要素を込めるのではなく「教科書を出します」「ノートを開きましょう」「鉛筆を出しましょう」と、一つひとつ確認をしながら指示をしていくのです。

　「指示」と聞くと、子どもたちの主体性を奪っているように感じてしまい、嫌がる方もいるかもしれません。しかし、それは間違った考えです。はっきりと指示をしてあげるからこそ、子どもたちは動くことができるのです。

ポイント

1. 指示の種類としては「（ノートなどに）書きましょう」「（となりの人などと）話しましょう」「（教科書を）読みましょう」などがあります。

2. 「ノートを開けて…」「教科書を持ってから…」と語尾をあいまいにするのでなく、「ノートを開けましょう」「教科書を持ちます」と語尾を言い切りましょう。

3. 高学年であったり、指示に慣れてきた子どもたちには「一時に一事」ではなく「一時に三事」など、複数の指示も聞けるようにしましょう。

指示はいつも確認と
セットにする

　子どもたちの行動を具体的に表す指示ですが、いつも必ずセットにしなければいけないことがあります。それが「確認」です。子どもたちに指示を出した後に、「確認」がなければ、だれができていてだれができないのかがわかりません。なので、指示を出した後には、必ず確認の声かけをしなければいけないのです。確認もまた、具体的な行動で表すようにします。

実践的アプローチ

　初任の頃、学級が全く落ち着きませんでした。間違いなく「学級崩壊」という状態に私の学級は陥っていました。そのとき、いろいろなことを勉強しましたが、子どもたちが少しずつ落ち着いていった要因の一つが「指示＋確認」だったのです。子どもたちは、私の指示を聞き、それができたという確認を少しずつ積み重ねていきました。その経験を積み重ねていった結果、学級は少しずつ落ち着きを取り戻していったのです。

　「できた人は立ちましょう」「終わった人は座りましょう」という指示
は、最後のひとりまで待つ必要はありません。最後の３〜５人になった
時点で、打ち切るようにしてあげましょう。

ポイント

1. 「教科書を開けた人は『開けました』と言いましょう」「できた
　　人は手を挙げましょう」「(音読などが) 終わった人は座りまし
　　ょう」「わかった人は立ちましょう」などの種類があります。

2. 「(できたかどうか) おとなりさん同士で確認」「ネームプレー
　　トを使って確認する (できた人は、ネームプレートを外す。動
　　かすなど)」も有効です。

3. 確認ができたら、できるだけほめ言葉を添えてあげましょう。
　　そのときに「速い子はかしこいね」「ていねいな字ですごい」
　　など、指導したい言葉を盛り込むようにします。

子どもに伝わる話し方
〜一文を短く話す〜

「もし、教師の話し方が子どもたちに伝わらなければ…」ほぼすべての教育活動は止まってしまうでしょう。連絡をしても伝わらない、授業で発問をしても伝わらない、指導をしても伝わらない…。極端に考えると、教師の話が子どもたちに伝わらなければ、全てが成り立たないのです。そのように考えると、教師の伝わる「話し方」がすごく大切であることに気がついていただけると思います。

実践的アプローチ

ある先生の指導を参観したときのこと。体育の全体指導、それから学年全体を生活指導している場面をたまたま見かけることになりました。そのときに、その先生は一生懸命指導をされているのですが、どうも緊張感がありません。体育の全体指導も生活指導の場面も、多くの子どもたちを動かす場面です。緊張感も演出しなければなりません。そのためには、右にあるようなポイントを大切にし、はっきりとした話し方をしなければいけないのです。

短い一文が子どもに伝わる

自分の話し方は自分でチェックしなくてはいけません。時には、自分の授業を録音してみましょう。1日に1時間と決めて、1か月間続けてみてください。きっと、自分の話し方を改善するためのヒントに出会えるはずです。

ポイント

1. 自分の話す言葉を文章として意識して話しましょう。そして、その一文を短くしなければ子どもたちには伝わりません。

2. また、伝わる話し方にするためには「語尾を明確に」しなければいけません。「〜ます。」「〜です。」や、または「音読3回。」など体言止めで話しましょう。

3. 聞き手である子どもたちに多くの言葉を入れすぎていないでしょうか？子どもたちの頭の中にどんな文章が入っているのかをいつも意識しましょう。

子どもに話を聞かせる工夫
～指を折って聞かせる～

　子どもたちに「話を聞きなさい」というだけでは、話を聞くようにはなりません。そこには、教師の指導の工夫が必要です。国語科授業名人の野口芳宏先生は「指を折って話を聞かせる」指導をしました。話をじっと聞くだけでなく、動作を交え、先生の話がいくつあるのかを意識して聞かせたのです。それだけでも、子どもたちは話を聞こうとするようになります。

実践的アプローチ

　「話を聞かせる」には、ありとあらゆる手を使って聞かせる工夫をしてきました。うなずくなど反応をさせる、話し手の方を向かせる、メモを取って聞かせるなどです。また、野口芳宏先生の実践である「今、発表した○○さんの意見に賛成か、反対か。賛成の人はノートに○、反対の人は×を書きましょう」などと言って、子どもたち同士の意見を真剣に聞かせる指導も参考にさせていただきました。

聞き手は大多数なので
「聞く指導」を工夫する

　対話的な授業をするには、「聞く指導」がなされなければ、成立することはありません。なぜなら、話し手が話すときには、教室はほとんど聞き手に回るからです。

ポイント

1．「先生が」発表を聞きたいということをしっかりと伝えましょう。そのために「あなたは○○さんの意見は気にならないの？」と切り返すことも有効です。

2．友だちが話し終わった後に「○○さんが言ったことをとなりの人に言ってみましょう」「○○さんの意見についてどう思いますか？」と聞いてみましょう。

3．話し手への指導も大切です。「一番遠くの○○さんが聞こえる声で言える？」と前置きしてから話をさせましょう。

「指示」をしたことは
きちんと守らせる

「指示」には重要な役割があります。それは「（学級に）セーフティーをつくる」ということです。学級は、先生が子どもたちをまとめているからこそ、安全で安心な空間となります。先生の指示がきちんと通っている状態だからこそ、子どもたちは安心して学習に取り組むことができるようになるのです。先生の指示をきちんと子どもたちが守るという「小さな積み重ね」をつくる意識を忘れないようにしましょう。

実践的アプローチ

指示についても「リード・サポート・バックアップ」の考えを取り入れてみましょう。まずは先生の言うことをきちんと守って学習する（リード）、次に、先生の「問いかけ」に対して子どもたちが学習する（サポート）、先生の指示がなくとも子どもたちが学習する（バックアップ）という３段階です。「いつかは先生の指示がなくても子どもたちが学習する」という見通しをもつことで、年間の指示の出し方が少しずつ変わっていきます。

指示した内容が
できているか確認する

　「指示を通す」ことは、先生がボス猿になって統率するようなイメージではなく、その小さな積み重ねで子どもたちが自由に行動できるようになることです。その土台をつくるイメージを忘れないでください。

ポイント

1. 指示を通すために必要になるのが「確認」です。指示を出したら、必ず全員ができているか、きちんと確認しましょう。

2. 「指示を通す」とは決して無理強いをする行為ではありません。教師が自分の言ったことに責任をもつという意識でいましょう。

3. 子どもたちができないような、守れないような指示を出してはいけません。指示の内容もよく吟味しましょう。

「できたら座る」のススメ

　私がよく使う指示として「できたら座りましょう」があります。どうして私がこの指示をよく使うのかというと、「子どもたちに動きをつけることで集中力を高められる」「そもそも授業自体に動きをつけることができる」「『座る』という最後の行動が示されているのでわかりやすい」「一目で子どもたちの状況を把握できる」という理由があります。「○○できたら座りましょう」という指示をぜひ活用してみてください。

心理的アプローチ

　心理学の用語に「アウトカムの設定」と呼ばれるものがあります。アウトカムとは「ゴール設定」「目標設定」のことです。つまり、「どうなれば、その活動を終えた」といえるのかを設定することです。「できたら座りましょう」「わかった人は立ちましょう」などの指示には、ゴール姿が示されています。そのため、子どもたちは自分の行動に見通しをもって取り組むことができるのです。

　子どもは「動く」ことが大好きです。子どもたちが落ち着かないと悩んでいるときには、あえてこちらから動かすこともひとつの手です。「立つ・座る」という活動をうまく組み込むことで授業の雰囲気も変わっていきます。

ポイント

1. 教科書を音読する場面「教材文、問題、まとめ」などで「読んだら座りましょう」と指示をします。「3回読んだら〜」など回数を入れてもいいでしょう。

2. 「となりの人と意見を言い合ったら座りましょう」と、ペアトークと組み合わせることも効果的です。

3. 発問を提示した後に「自分の意見をもてた人から座りましょう」という指示も使えます。意見をもつことへの意識を生みます。

「指を使う指示」を使いこなす

　「動作をともなう指示が効果的である」と前ページでも述べました。実は、動作をともなう指示は、「立つ・座る」だけでなく、他にもあります。その一つが「指を活用する」ということです。「指は第二の脳」ともいわれます。「指をさす」「指を置く」「指で書く」「指でなぞる」など、指を動かすような指示をしてみましょう。子どもたちの集中度がグッと変わってきます。

実践的アプローチ

　野口芳宏先生の授業では、たくさんの「指を使う指示」が出されていました。「指を置いてごらんなさい」「賛成の人は掌に〇、反対の人は掌に×を書きなさい」「Aだと思う人、手を挙げる。（子どもたちは挙げたまま）その意見を言える人は手を握る」など、様々です。こうして指を使うことで子どもたちの集中力が向上すると同時に、授業運営も簡単で効率的に進むのです。

気がついたことに
指をさしてみましょう

　「指を使う」という技術は、本当に小さな教育技術です。こうした小さな教育技術をきちんと積み上げることができるかで、よい授業がつくられるかどうかが変わってくるのです。

ポイント

1．これから扱う問題番号に指を置かせるだけでも集中させることができます。「1に指を置きましょう」と言ってから問題を読ませてみてください。

2．黒板（電子黒板）などに提示した資料に指をささせることも効果的です。「自分が気づいたところに指をさして」と言うと、一斉に指さしをして、確認することができます。

3．「この意見に賛成ですか？反対ですか？掌に指で書いてみましょう」という指示もとても有効的です。ノートが使えない場面で活用できます。

全員参加のしかけで
授業をよくする

よい授業には必ず「全員参加ができるしかけ」がなされています。全員に書かせる、全員に話させる、全員に聞かせる、全員に読ませるなど、全員参加のしかけがありとあらゆる場面で散りばめられています。ただし、全員参加は「みんなやろう！」というだけでは、達成できません。そこには、きちんとした教育技術が存在するのです。

実践的アプローチ

教育者の森信三先生は「教育とは、流水に文字を刻むような作業である」と表現しましたが、それだけ、教育という行為は泥臭く、地道なものであることをさしています。意見がなかなか書けない子に対し、写してもいいと言い、どんな意見が浮かぶかと声をかけ、それでも書けない時期を見守り続けて、ようやく書けるようになるのです。全員参加を何度も積み重ねることで、初めて教育の成果を感じることができるのです。

「人の意見は写してはいけない」「自分だけの意見をもつ」などということで、苦しめられる子どもたちがいます。どうしても書けない子、自分の意見をもてない子は、友だちや先生の意見を写すことから始めるのです。

1．一斉音読だけでなく「全員起立。一回読んだら座りましょう」などと指示することでより全員に読ませることができます。

2．「信長と思う人はA、秀吉と思う人はB、家康と思う人はC」というように、選択できるようにし、全員参加を促します。

3．「わからない人は写しましょう」と指示してあげることも大切なことです。どうしてもできない子も、写すことを認められることで参加できるのです。

第 7 章

発問の技術

▶動画でわかる
授業技術
の基礎・基本
（発問の技術編）

「問う」ということを考え直す

　「問う」ということは強力な効果をもっています。よって慎重に扱わなければならない行為です。たとえば、どんなに緊張した授業中であっても「今日の朝ご飯は何だった？」と子どもたちに聞くと、子どもたちは朝ごはんのメニューを思い出すことでしょう。問うことで思考の方向性が決まってしまいます。何を問うのか、何を問わないのかを、授業をする私たちはよく考えなければいけないのです。

実践的アプローチ

　ある講演会で、「よい授業と悪い授業の差は何か？」と問われた国語授業名人の野口芳宏先生は「発問の差である」とはっきりと言いました。それほど「発問」は授業を大きく左右する行為なのです。では、どのようにすれば、いい発問を考えることができるのでしょうか。それは、よい授業を何度も参観し、授業研究に励むしかありません。そのうえで、自分の授業で実践し続けるのです。ハンマー投げで遠くまで飛ばすためには、何度も練習をするしかないのと同じことです。

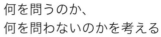

何を問うのか、
何を問わないのかを考える

ごんぎつねは
いたずらぎつねか？

　名コーチと呼ばれるアンソニー・ロビンズは「人生の質は問いの質」とまで言っています。何を自分に問うか、何を自分に問われるかで自分の人生までが変わってしまうとまで言うのです。

ポイント

1．５Ｗ１Ｈを活用し、発問づくりをしてみます。ひとつの授業で10も100も発問を生み出すことを年に１度は行ってみましょう。

2．研究授業は、発問力を鍛えるチャンスです。発問を考える前に教材研究が最も重要です。

3．発問に対して生み出された子どもたちの反応を見返してみましょう。そこに発問の良し悪しが見えるはずです。

教材から気がついたことを問う

　「教材から気がついたことを問う」ことは、授業づくりの基本中の基本です。教材を提示し「気がついたこと、はてなと思うことは？」と子どもたちに聞いてみましょう。その子どもたちの気づきがその後の授業をつくっていくことになるのです。また、教材は教科書に掲載されているものがおススメです。教科書に掲載されている教材は、その授業の本質につながるよいものばかりなのです。

実践的アプローチ

　授業の導入で、教材から見つけた意見がたくさん出るようになると、授業はうんとやりやすくなります。子どもたちは本当に多様な意見を出します。また、授業もとても活気づくようになります。それらを活かすことで、本当の意味での「子どもたちが主体となる授業」をつくりだすことができるようになるのです。ぜひ、子どもたちから意見を引き出し、子どもたちの意見を生かした授業づくりにこだわってみてください。

教科書に掲載されている教材は
その授業の本質にせまる

教科書の写真を見て
気がついたことは？

　時には、自分自身でオリジナルの教材を見つけてみましょう。そして、授業にかけ、子どもたちの反応を見てみます。そうしたことを経験することで「教材とは何か」ということを感じることができます。

ポイント

1．社会、理科、道徳などは、教科書の写真や資料、イラストを活用できます。ぜひ、1枚を選んで活用してみてください。

2．算数でも「気がついたことは？」と聞くことで、本時の課題に気がつくことができます。そのままめあてへとつなげていきましょう。

3．子どもたちに気がつく力を育むには、たくさんの気づきをもたせることです。「学年×2」を目安となるようにしてみましょう。

本時の課題に迫る発問にする

　「教科書の発問がつまらない」と言い、「この発問では、本時の課題に迫る発問にはならない」といっ意見があります。しかし、それは間違いです。「本時の課題に迫る発問にならない」のではなく、「本時の課題に迫る発問にできていない」のです。では、どうすれば、教科書に掲載されているような発問で、本時の課題に迫ることができるのでしょうか？ヒントは「子どもの意見を活用する」ということです。

実践的アプローチ

　ある社会科を中心に研究を進めている先生にこんなことを聞きました。「社会科の単元のはじめに使われている大きな写真から、子どもの疑問を引き出すと、単元で学ぶべき学習課題が出るように設計されているんですよ」と言うのです。そのときに、教科書に使われている写真がそこまで意識して選ばれているということを知りました。ぜひ、教科書の写真などの資料から子どもたちの意見を引き出し、本時の課題に迫るようにしてください。

子どもの意見を活かす

　「子どもの意見を生かす」など、研修会で聞きますが、具体的にどのように生かすのかまで語られることがありません。以下のポイントのようにすれば、子どもたちの意見を本当の意味で授業に生かすことができるのです。

ステップ

1．資料の読み取りなど、導入時の発問と課題提示をきちんとつなげるようにしましょう。導入で興味・関心をもつからこそ、課題が生きてきます。

2．そのためには、導入の活動をていねいに行う必要があります。そのことを理解して導入を生かすようにしましょう。

3．「○○さんが言ったように～」「○○くんの疑問にも出ていた」など、子どもたちの意見と課題をつなげるようにしましょう。

子どもたちに見つけさせる
発問をする

　授業の内容によっては「教師の説明を中心にせざるを得ない授業」があります。たとえば、理科の実験方法。もちろん、子どもたちに実験内容を考えさせるという方法もありますが、安全上、そこまで指導しきれないことも事実です。しかし、一方的に話すだけの授業では、子どもたちの力もつきませんし、何より面白くありません。そんなときに有効なのが「子どもたちに読ませる発問」です。

コーチング的アプローチ

　コーチングの研修を受けていると次のように進行することがあります。「テキストＰ○〜Ｐ○をグループで読んでください。そして、自分たちでわかるところとわからないところを確認してください」と言われるのです。グループで読むことで、わからないところは教え合うことができます。また、わからないところだけを説明すればよくなります。この手法をそのまま授業でも活用します。子どもたちの読む力、学び合う力を高めることができる発問です。

わからないところを出すのも勉強

　この方法をするためには、「わからないところはきちんと聞く」とい
う雰囲気がしっかりできていることが前提です。「わからないところを
出すのも勉強」という雰囲気をつくりましょう。

ステップ

1. 「教科書Ｐ○をグループで読み合います。グループ全員が書か
   れていることをわかるように教え合いながら読みましょう」と、
   まずは指示します。

2. 「グループみんなで考えてもわからないところは印をつけてお
   きましょう。その部分はあとで必ず発表しましょう。」と付け
   加え、「どこがわかりませんでしたか？」と発問します。

3. また、教科書を読み合った先に「実験をする」「テストをする」
   など、ゴール設定をしておくとより効果が上がります。

選択的発問を効果的に使う

　子どもたちが熱中する発問のひとつに「選択的発問」があります。この言葉は下にも紹介している通り、野口芳宏先生のつくられた造語です。選択的発問は、どんな教科でも応用して活用することができます。子どもたちにどんな選択肢をつくって提示すればいいのか、そんなことを考えながら発問づくりに取り組んでみましょう。

実践的アプローチ

　「○か×か」「ＡかＢかＣか」と野口芳宏先生は小刻みに聞いていきます。こうすることで「選択するだけ」なら簡単にできます。つまり、全員参加を確保できます。そして、選択すると「どうして自分がその立場を選択したか」が気になってきます。すると、理由づけまで思考させることができるのです。ぜひ、授業でうまく選択的発問を活用してください。

選択的発問を小刻みに
入れることも効果的です

A〜Cの
どれかな？

B？

A？

？？

　もちろん、選択的発問が万能なわけではありません。選択的発問は、子どもたちの思考を狭めるというデメリットもあります。展開後段や終末場面では、ふさわしくない場合があることも知っておきましょう。

ポイント

1. まずは「○か×か」「AかBか」という二項対立型の発問を考えてみます。2つの選択肢なら簡単につくることができます。

2. 選択的発問の良し悪しは子どもたちの反応で見取ることができ、意見がちょうど半々になるとよい発問といえるでしょう。

3. 子どもたちが盛り上がる選択的発問ですが、大事なことは、その発問でつけさせたい力を明確にもっておくことです。

6

ゆさぶり発問や切り返し発問で
子どもの思考を引き出す

　授業の中で子どもたちの意見を本当に生きた意見にしていくために必要なものは「ゆさぶり発問」です。子どもたちの意見に対して「なるほど」「いいね」と称賛するだけでは、子どもたちの意見を深めたり広げたりすることはできません。ここぞという場面では、子どもたちの意見に対して「ゆさぶり発問」「切り返し発問」を投げかけていくのです。

心理的アプローチ

　NLP（神経言語プログラミング）では、「メタモデル」と呼ばれているスキルがあります。人のコミュニケーションは完全なものではなく、「歪曲」「省略」「一般化」され、不完全な情報のやり取りであるという前提があり、それを埋めるための質問のスキルを「メタモデル」と呼んでいます。つまり、子どもたちの意見にも欠落している情報があるということです。そんなことを前提に子どもたちの意見を聞いてみましょう。

子どもの思考を引き出したり、
深める発問を使いこなす

本当に？

先生の問いかけ次第で、学級の中での議論の深まりや広がりが変わります。こうした発問を使いこなせるかどうかで「ファシリテーションスキル」が変わっていきます。ぜひ、授業でこうした発問を使いこなしてください。

ポイント

1. 「〜というと？」「どんな感じ？」「もう少し詳しく教えて」「具体的には？」「どんなイメージ？」「たとえば？」などの質問をしてみましょう。

2. さらに「オープンクエスチョン」を使います。「はい／いいえ」「Ａ／Ｂ」ではなく、広い答えを引き出しましょう。

3. 「本当に？」「○○の方がいいんじゃない？」などという批判的な発問も効果的です。

学びを「束ねる」発問を
うまく使う

　授業には学びを「束ねる」時間があります。つまり、「まとめ」をする時間です。まとめといえば、授業の終わりや単元の終わりがイメージされますが、そこだけにとどまる必要はありません。たとえば、授業の中盤にも束ねる時間を取っても構わないのです。適切な「束ね」が子どもたちの学びを確かなものにしていきます。束ねのタイミングと方法について考えてみましょう。

脳科学的アプローチ

　学びを束ねるための基本は「アウトプット」です。イングランドのサセックス大学の研究では、40秒で細部をイメージしたり、声に出して説明したりすることで、後帯状皮質が活性化し、長期記憶に定着しやすいということがわかりました。授業の途中で「今までのところで勉強になったことはなんですか？」と発問し、「隣の人に話しましょう」という活動を入れることも有効な束ねの方法です。単元のまとめ、1時間のまとめ、そして、授業途中のまとめ、とうまく使い分けていきましょう。

40秒で自分が勉強に
なったことを説明する

はーい
スタート！

　授業の途中で短いまとめの時間を入れることで、授業にリズムを生み出すこともできます。1時間に何回まとめの時間を入れても構いません。ぜひ、取り入れてみてください。

ポイント

1．単元のまとめとしては、ノートに単元の学習を見開きでまとめたり、班でクイズを出し合う時間を長めに設定したりするなどがあります。

2．1時間の授業のまとめは、ノートに短い言葉でまとめたり、となりの人や近くの人に話をしたりという活動があります。

3．「まとめは全員一緒でないといけない」という考えは捨てましょう。それぞれの子どもにそれぞれのまとめがあるのです。

発問の種類を知る
―発散型発問と集束型発問―

　発問には大きく分けて２種類の発問があります。「発散型発問」と「集束型発問」です。「発散型発問」は子どもたちからできるだけたくさんの意見を集めます。意見を広げたり活気づけたりという効果があります。「集束型発問」には、考えを深める効果があります。それぞれの発問をうまく使い分け、それぞれの発問の効果が高まるようにすることが大切です。

実践的アプローチ

　発散型発問は「気がついたことはありますか？」「知っていることはありますか？」「どんなことが思い浮かびますか？」など、たくさんの意見を引き出すような発問です。また、集束型発問は「どうして〜？」「○○に対するあなたの考えは？」「○○は〜すべきではなかったか？」など、思考を深めるような発問です。授業では、どちらか一方の発問では進みません。１時間の中でどのように発問を組み立てるのかを考えてみましょう。

教材研究で発散型と集束型の
バランスを考える

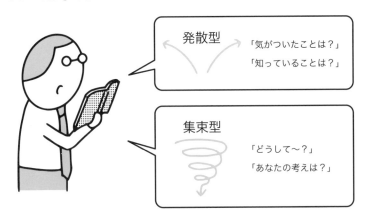

発散型
「気がついたことは？」
「知っていることは？」

集束型
「どうして～？」
「あなたの考えは？」

　授業を参観したときなどに「どのような発問をどのような意図で組み込んでいるのか」を分析し、学んでみましょう。授業参観は、こうした視点をもってこそ、学びとなります。

ポイント

1．発散型発問は授業の導入や展開（前段）場面でおススメです。子どもたちのたくさんの気づきを引き出すことができるからです。

2．集束型発問は、授業の展開（後段）や終末場面で活用しましょう。授業のそれまでの成果をもとに考えをグッと深めるのです。

3．発問には目的があります。その目的を意識して行うことで、授業を改善することができます。「何のために問うのか？」を考えましょう。

第 8 章

基礎学力向上の技術

▶動画でわかる
授業技術
の基礎・基本
（基礎学力向上の技術編）

漢字指導は４つのステップで指導する

　どの学年でも指導する「新出漢字」の指導。あなたは子どもたちに力をつける漢字指導を知っていますか？ノートに新出漢字を大きく書き、筆順や熟語、そして、何度も繰り返し漢字を書くだけが漢字指導ではありません。私は、「指書き→なぞり書き→写し書き→空書き（元実践：向山洋一先生）」というステップで漢字指導を行ってきました。漢字テストが10点、20点という子も、時間をかけて100点を取ったという事例を何度も目にしてきました。

実践的アプローチ

　新出漢字の指導は、右記のようなステップを使って指導をしていきます。新出漢字が終わったら熟語練習です。漢字ノートなどに３回を目安に練習させていきましょう。次に、テスト「練習」です。熟語をテストのつもりで練習させましょう。最後は、漢字テストです。これまでの練習の成果が出せるように励ましてやってください。

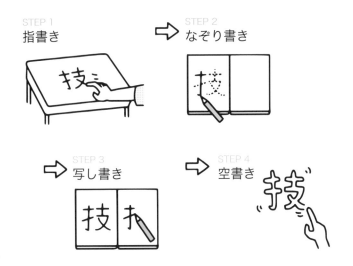

　1日の新出漢字は3つか4つです。必ず授業中に指導しましょう。長くとも10分以内には終了します。家でやるとどうしても覚えられない子が出てしまいます。

ステップ

1．まずは、「指書き」です。ドリルの筆順を見ながら、机の上に指で筆順を唱えながら書いていきます。目をつぶっても指で書けるようになったら鉛筆を持ちます。

2．鉛筆を持ったら「なぞり書き」です。ドリルの漢字をなぞります。書けたら「写し書き」です。こちらもドリルに書き込んでいきます。双方に取り組んでいるときも筆順を唱えることを忘れないようにしましょう。

3．写し書きが終わったら先生に丸をもらいにいきます。その後は、着席せずに「空書き」をします。指を使って空中に何度も書いて確認します。

計算力の基礎を身につける

　漢字の学習と同様、子どもたちに必ず身につけたい力のひとつに「計算力」があります。計算力はどのようにして身につけることができるのでしょうか？その答えに「100までの数列」「答えが20までのたし算引き算」があります。100までの数をスラスラと唱えられたり、答えが20までの計算をスラスラと解く力をもっていたりすれば、理論上はかけ算九九やたし算引き算の筆算は解くことができるのです。

実践的アプローチ

　計算力を身につけるのは日々の授業でどれだけ工夫できるかにかかっています。「数列」「基礎計算」をうまく授業に織り込むようにします。たとえば、百玉そろばんを使って「１〜100を数える」、九九を唱えるなどがあります。P.82で紹介した算数の導入方法も計算力を高めるためにオススメです。

かけ算九九の前に
「100までの数列」、「20までの足し算引き算」

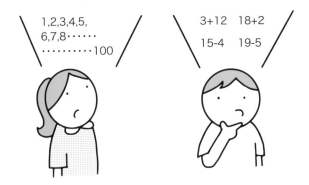

　「すでにそうしたことを十分に取り組める子どもはどうすれば…」その場合には「百ます（20マス）計算」や「フラッシュカード」「百玉そろばん」など、脳を刺激するものを取り組みます。全員を巻き込むことには変わりありません。

ポイント

1．答えが20までの計算をスラスラと解くことができるよう、朝の学習や授業の導入を活用して取り組みましょう。これは、高学年になっても必要であればさかのぼって取り組みます。

2．また数列が頭の中に描くことができていないと判断できたときには、数列表を見せたり、百玉そろばんを使ったりして唱えさせるようにしましょう。

3．「計算の基礎はかけ算九九」と思われがちですが、それよりも先にすることがあります。「数列」「答えが20までのたし算引き算」ができるかどうかの診断をしましょう。

読解力向上を果たす

　「学力をどう高めるか」という課題に直面している学校は多くあることでしょう。また、学校の中で課題になってはいなくとも「自分の学級の子どもたちの学力をどう高められるか」はほとんどの先生方の関心事ではないかと思います。学力向上のキーワードの一つに「音読」があります。当然のことですが、全ての教科で使用する言語が「日本語」です。日本語を正しく理解する、つまり、読解力の向上ができなければ、問われていることや説明されていることがわからず、問題を解いたり説明を理解したりすることすらできないのです。

実践的アプローチ

　これまで、多くの先生方が「読解力向上」を目指してきました。それでも、「読解力を向上させた」とはっきりとした研究成果を聞いたことはありません。何をすれば読解力が向上するかははっきりとはわからないのです。しかし、右に紹介する取り組みを含め、すべての教育活動で「読解力の向上」に取り組まなければいけません。読解力はすべての学力の総決算と捉えましょう。

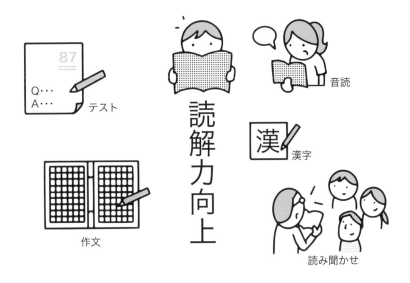

テスト

音読

漢字

作文

読解力向上

読み聞かせ

　読解力向上のためには、まず「読む」ことです。読む活動が充実することで、はじめて「書く」「話す・聞く」活動が充実します。まずは「読む」ということにこだわって実践しましょう。

ポイント

1. 読書体験の充実のために、教室内で７分でもいいので読書の時間を取りましょう。掃除の後など、隙間時間を活用します。

2. 声に出して読む音読を大切にしましょう。国語だけでなく、どの教科でも「声に出す」ことを意識しましょう。

3. 「書く」活動もできるだけ多く取り入れます。日記（行事や授業などの）、振り返りなど、書くチャンスを多く生かしましょう。

視写を生かした指導を
取り入れる

　基礎学力向上に向けた効果的な取り組みのひとつに「視写」があります。視写といえば国語の授業で思い浮かべる人が多いでしょう。教科書に掲載されている物語文や説明文の一部をノートや原稿用紙に写し取っていきます。それだけで、文章指導、漢字指導などにつながります。また、集中力を養う効果もあります。しかし、視写指導を生かせるのは、国語授業だけではありません。算数科、社会科、理科などでも活用が可能なのです。

実践的アプローチ

　理科や社会の時間によく活用していたのが「トレーシングペーパー」でした。100円均一ショップで売っているものを購入し、教室に持ち込んでいました。トレーシングペーパーを配ると子どもたちは夢中になって取り組みます。また、写し取ったものからたくさんの気づきを得ます。何度かトレーシングペーパーを使っていると、単元のまとめノートを作成しているときに「トレーシングペーパーをください」と自分から言ってくる子もたくさん増えました。

基礎学力向上に効果的な視写。
集中力も養えます

　今や、視写をする時間といえば、書写の時間くらいしかなくなってしまいましたが、「写す」という活動は重要な指導です。学ぶは「真似ぶ」から。まずはよいものをどんどんと真似させましょう。

ポイント

1．算数科では、教科書に掲載されている「考え方」の部分を視写させてみましょう。特に、考えを書くことが苦手な子どもや、授業開きの時期に行うと効果的です。

2．社会科では、大切だと思うグラフを写し取らせます。書く経験を何度かするだけで、グラフを注意深く見る力を養えます。

3．理科では、昆虫や花の写真を写し取らせてましょう。写しながら、花や昆虫のつくりを学ぶことができ、興味・関心を高めることもできます。

班クイズで知識を習得する

「あれだけたくさん話し合って調べたから、テストはだいじょうぶ」「あれだけ意欲的に実験に取り組んだから、テストはだいじょうぶ」と思いがちになりませんか？実は、そうした活動を取り組んだだけでは、残念ながらペーパーテストの成果の向上にはつながりません。そうした体験に合わせて「知識」も習得させてやらなければいけないのです。知識の習得は「何回その知識に触れたか」が大切になります。それを簡単に達成するのが「班クイズ」です。

実践的アプローチ

班クイズというあまりにも簡単な実践に取り組むことで、学級で大きな変化が３つありました。ひとつは、学力向上です。単元テストの成果は大きく変わりました。テストで平均点が90点を超えることも珍しくありません。次は学級の雰囲気がよくなったことです。クイズは子どもたちが大好きな活動のひとつです。楽しいことをみんなでするので空気がよくなりました。最後は、私がすごくラクになりました。子どもたちが問題をどんどん出し合うので、私は見守るだけになりました。

知識の習得は何回その知識に触れたか。
「班クイズ」で楽しく復習

　教師の「働き方改革」のひとつに「学習者である子どもたちに任せる」ということがあげられます。授業は何でもかんでも先生がすればいいというものではありません。学習者に学習をゆだねる場面もつくっていきましょう。

ステップ

1．まずは先生がデモンストレーションとして、何問か問題を出してあげましょう。そうして問題の出し方を指導します。

2．班のメンバーが順番に問題を出すようにしましょう。そうすることで、全員が問題を出す経験をすることができます。

3．答えがわからない場合は、教科書を見ても構わないことを伝えましょう。教科書を何度もめくる仕掛けです。

6

ドリルは授業時間内に
終わらせる

　みなさんは、学校でおそらく購入している計算ドリルや漢字ドリルをいつ行っていますか?もし、宿題にしているのであれば、基礎学力をクラス全員に保障することは難しいでしょう。子どもたちにとって最も学習の環境として適している場所はどこでしょうか?それは、学校なのです。重要な基礎・基本的なドリル学習こそ、学校で取り組まなければいけません。子どもたちにも様々な事情があります。家庭に持ち帰って学習することが困難な場合もあることを忘れないようにしましょう。

実践的アプローチ

　授業時間中にドリル学習まで取り組もうと思えば、授業を普段よりも5分ほど早く終わらなければいけません。ドリル学習に取り組む時間を確保するためです。そのためには、授業の設計自体を一度ゼロから見直さなければいけなくなります。その作業がとても大切です。自分がこれまで取り組んでいるものを一旦ゼロにして考え、無駄なことはないか、非効率なことはないかなどをチェックするのです。

基礎・基本こそ「学校」で取り組む

終了5分前なので
ドリルを
はじめてください

どうしても授業時間内に終わらない子は、別途休み時間を設けるなど
もよいでしょう。休み時間に取り組むことで、できた子が教えてあげる
ような場面も生まれるのです。

ポイント

1. ドリル学習を保障するために削れるものにはどんなものがある
   でしょうか。まずは毎回のあいさつです。担任の先生とは、朝
   の時点であいさつを済ませています。毎回の必要はないでしょ
   う。※専科などは別です。

2. 先生の指示や説明も見直さなければいけません。無駄な説明が
   含まれていると、それだけ時間を浪費してしまいます。

3. ドリル時間は短くとも構いません。子どもたちは学校でだから
   こそ高い集中力で取り組みます。5分ほどの短い時間で終わら
   せることができるでしょう。

まちがい直しを指導する

　子どもたちに間違いを自分で直させるスキルはとても大切です。大人や子ども関係なく、人間は失敗をする生き物です。その失敗を生かして、次につなげるからこそ、成長のサイクルを回すことができるのです。子どもたちには「間違いに気がつけたからこそ、成長することができる」ことをきちんと伝えてあげましょう。そうでなければ、子どもたちは間違いをネガティブにのみ捉え、失敗の本質に気がつかないままになってしまいます。

実践的アプローチ

　P.30でも紹介したように、答えや考えを間違えたものは、消さずにそのまま残しておきましょう。そして、「どうして間違えたのか」をメタ認知させます。有効な方法としては、どうして間違えたのかをメモ書きさせることです。間違えた答えの近くに、自分なりのメモで書いておくことで、どうして間違えたのかをいつでも見返すことができるようになります。

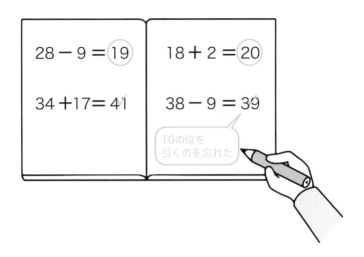

時には「ノーミスを求める」ことも必要です。「ミスをしてもいい」という空気になると、どうしても空気が緩んでしまうというデメリットがあります。バランスを見て、「今日はミスをしない」という時間を設定しましょう。

ポイント

1. 間違えた個所に吹き出しをつけて書かせる方法も有効です。吹き出しは図解的な効果もあり、振り返ったときに目につきやすくなります。

2. 間違えた個所に付箋を貼る方法も有効です。そしてテスト前に「この問題が出ても大丈夫」と思えた問題から外すようにします。

3. 時には「うまくいったこと」にも目を向けさせるようにしましょう。間違いを当たり前だという空気にしてはいけません。

学力向上の本当の土台を知る

　いじめが起こっている学級で学力向上は望めるでしょうか？モノが散乱していてキレイとはいえない教室で学力向上は望めるでしょうか？学力向上の土台とは、学力向上に関する直接的な取り組みではなく、学級内の人間関係を整えたり、環境を整えたりすることなのです。どんな素晴らしい授業や取り組みをしたとしても、人間環境や教室環境、また子どもたち自身の健康が整っていなければ学力向上など望めないことを心しておきましょう。

心理学的アプローチ

　先生方であれば、大学で一度は聞いたことのある「マズローの欲求５段階説」がここでは、重要なキーワードとなってきます。マズローは、人間の欲求を「生理的欲求」「安全欲求」「社会的欲求（所属と愛の欲求）」「承認欲求」「自己実現の欲求」の５段階があると主張しました。自己実現の欲求が学力向上に当たると考えています。自己実現の欲求以外の４つの要素を子どもたちが満たしているのか、いつもセルフチェックしましょう。

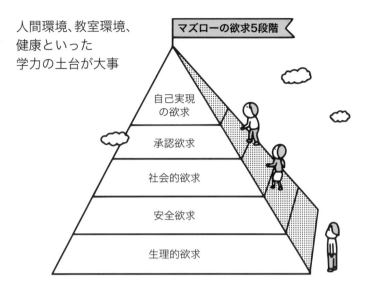

人間環境、教室環境、健康といった学力の土台が大事

マズローの欲求5段階

自己実現の欲求

承認欲求

社会的欲求

安全欲求

生理的欲求

　子どもたちの学習環境を整えるには、少し時間がかかります。しかし、時間をかけて整えた環境だからこそ、確かなものとなります。学級開きからじっくりと熟成させていきましょう。

ポイント

1．あまりに暑すぎる教室、寒すぎる教室では勉強どころではありません。そんな当たり前のことである教室の温度環境に敏感になりましょう。

2．子どもたちが恐怖を感じていないかどうかも重要な要素です。友達関係、そして、先生自身が不必要な恐怖を子どもたちに与えていないか、見直してみましょう。

3．子どもたちにとって教室が心地いい場所になっているか、先生や友達に認められ、ここにいてもいいと思えているかを見直しましょう。

おわりに

いかがだったでしょうか?

これから先生になる方が本書をお読みになられたのなら「教師にはこのような小さなスキルが必要なのだな」と自覚していただけたことでしょう。これからの教師にとって必要な基礎・基本のスキルのみを集めました。まずは、本書に掲載させていただいた授業スキルや理論を知っていただき、学級の子どもたちに活かしていただければと思います。

また、中堅以上の先生が本書を読まれた場合には、「学び直し」のきっかけになったのではないかと思います。本書には、これまでの授業スキルに心理学や脳科学の観点から様々なエッセンスを盛り込みました。「今まで考えずに実施していたけれどそのような効果があったのか」「迷っていたけれどこうすればいいのか」など、これまで教師として培ってきた知識やスキルをバージョンアップさせることができたはずです。

時代は大きく変わっています。そして、しばらくはまだまだ変わり続けてい

くでしょう。これまでのスキルや考え方のみでは通用しなくなり、新たなスキルや考え方が必要となる時代になります。

　しかし、これまでの教育から学ぶことも多くあります。本書では「これまでの教育×心理学・脳科学・コーチング」でこれからの教育を提案しています。これまでの教育をアップデートした形でみなさんにお届けしたつもりです。

　学校に一人一台の端末が配備され、いよいよ形も大きな変化を遂げようとしています。この新たな荒波を本書にある「これまでの教育×心理学・脳科学・コーチング」でうまく乗り越え、これまで以上に教師としての時間を充実させていってほしいと切に願っています。

　まだまだこれからも教師としての腕をともに磨いていきましょう。

令和２年12月

丸岡　慎弥

丸岡慎弥 （まるおか・しんや）

1983年、神奈川県生まれ。三重県育ち。大阪市公立小学校勤務。関西道徳教育研究会代表。教育サークルやたがらす代表。銅像教育研究会代表。3つの活動を通して、授業・学級経営・道徳についての実践を深め、子どもたちへ、よりよい学び方・生き方を伝えるために奮闘中。道徳を中心として授業づくり・学級づくりにもっとも力をそそいでいる。現在は、NLPやCoachingを学び、教育実践に取り入れることで、独自の実践を生み出している。著書に『教師の力を最大限引き出すNLP』（東洋館出版社）、『日本の心は銅像にあった』（育鵬社）、『話せない子もどんどん発表する！対話力トレーニング』『子どもの深い学びをグッと引き出す！最強のノート指導』『高学年児童がなぜか言うことをきいてしまう教師の言葉かけ』（学陽書房）他多数。

2時間でわかる
授業技術の基礎・基本

2021（令和3）年3月1日　初版第1刷発行

著　者　　丸岡慎弥
発行者　　錦織圭之介
発行所　　株式会社 東洋館出版社
　　　　　〒113-0021　東京都文京区本駒込5-16-7
　　　　　営業部　TEL：03-3823-9206
　　　　　　　　　FAX：03-3823-9208
　　　　　編集部　TEL：03-3823-9207
　　　　　　　　　FAX：03-3823-9209
　　　　　振替　　00180-7-96823
　　　　　URL　http://www.toyokan.co.jp

[装　丁] 中濱健治
[本文デザイン] 株式会社 明昌堂
[イラスト] 大野文彰
[印刷・製本] 株式会社 シナノ

ISBN978-4-491-04390-6　　Printed in Japan